# 让你大受欢迎的
# 社交心理学

彩沄心理◎编著

中国纺织出版社

## 内 容 提 要

在现代社会中，我们每个人都要与人打交道，然而，人心难测，我们只有了解社会心理策略，才能轻松驾驭人际关系，解决各种社交问题，从而更好地与人交流和相处，构建融洽的关系。

本书正是从心理学的角度入手，从职场、商场、婚恋和家庭等角度，介绍了实用、有效的沟通方法和社交技巧，从而帮助你在社交场合极大地扩展影响力，让你赢得更广泛的信任和支持，收获更多的友谊与合作，从而收获事业的成功和生活的幸福。

**图书在版编目（CIP）数据**

让你大受欢迎的社交心理学 / 彩沄心理编著.--北京：中国纺织出版社，2017.12 （2024.4重印）
ISBN 978-7-5180-4431-3

Ⅰ.①让… Ⅱ.①彩… Ⅲ.①心理交往—社会心理学—通俗读物 Ⅳ.①C912.11-49

中国版本图书馆CIP数据核字（2017）第313495号

责任编辑：闫 星 特约编辑：李 杨 责任印制：储志伟

中国纺织出版社出版发行
地址：北京市朝阳区百子湾东里A407号楼 邮政编码：100124
销售电话：010—67004422 传真：010—87155801
http：//www.c-textilep.com
E-mail：faxing@c-textilep.com
中国纺织出版社天猫旗舰店
官方微博http：//weibo.com/2119887771
北京兰星球彩色印刷有限公司印刷 各地新华书店经销
2017年12月第1版 2024年4月第5次印刷
开本：710×1000 1/16 印张：14
字数：205千字 定价：68.00元

# 前言

现代社会，竞争日益激烈，物竞天择、适者生存的自然法则更是迫使人们为成功而奋斗，为人生而规划。但要做到这些，就不得不和形形色色的人打交道，不管你是身居高位，还是市井平民；不管是生意场，还是身处职场，我们都不可避免地要涉及交际。这正如卡耐基所说的：“一个人的成功，15%是由于专业技术，85% 要靠人际关系与处世技巧。” 交际中蕴含了许多机会，拒绝社交就是拒绝机会，拒绝成功!

因此，学会如何与他人相处和交往是贯穿我们一生的重要课题。然而，这并非易事。生活中的你，在社交中是否遇到了这样的困扰：工作认真努力、为上司鞍前马后却得不到晋升？把同事当成合作伙伴却惨遭背叛？对朋友掏心掏肺却得不到信赖？对长辈嘘寒问暖却得不到疼爱？让客户介绍体验各种产品，客户却甩袖而去？对爱人百般疼爱却抓不住缘分……其实，造成这些结果的原因，并不是因为做得不够，而是因为你不知道对方心中所想，不知道对方需要什么。要解决这一问题，你首先就要学会变通，我们要学会洞察交往对方的心理需求，才能有的放矢地攻克人心，达到交际目的。

的确，人际关系说复杂也很复杂，说简单也很简单，纵然与我们打交道的人各色各异，但无论是地位高者还是地位低者，无论是朋友还是敌人，只要我们能掌握对方的心理，并采取相应的心理策略，那么，要处理好人际关系并非难事，你还能从人际关系中达到自己的目的。

我们可以说，人际交往，做人做事，都和心理学有着千丝万缕的联系，中国古代兵法云："用兵之道，攻心为上，攻城为下；心战为上，兵战为下。"这一兵法尤其在现代社交中大有用武之地，如果不懂心理学，即便你口若悬河、煞费周章，也可能南辕北辙、毫无效果；相反，如果懂得心理学，可能只需付出一点点，便能洞悉对方内心世界，从而先入为主，占尽社交先机，达到交际目的。

因此，生活中的每一个人，都应该懂点社交心理学，而本书就是这样一本实用心理学教程，内容涉及社交生活中的方方面面。阅读本书，可以使你摆脱无所适从的困惑，帮助你处理好各种纷繁复杂的人际关系，打造成功人生。

编著者

2017年8月

目 录
contents

# 第1章
# 明眸慧耳，交际场上瞬间看懂他人真心

中国自古以来就是一个以关系为本的社会，正如有人说：“人生的美好是人情的美好，人生的丰富是人际关系的丰富。”“行为失谐，尚可挽正；人际失谐，百事无成。”是否具有良好的人际关系，直接关系到一个人人生的成败。而任何人际关系都建立在对交际对象的了解之上的。知己知彼，百战百胜，我们只要学会慧眼识人，把握人心，就能在交际场上准确地掌握对方的内心世界，然后对自己的交际决策作出妥善的规划，赢得交际的成功！

## 语言节奏与音色，听出来的真实心理

人际关系的确越来越受到人们的重视，可是，如何掌握交际中的技巧和切入点，却成为一个难题。只有具备明眸慧耳，看清你的交际对象，才能作出正确的交际决策，避免陷入很多误区。

人们常说："言为心声""听声识人"等，可见，要想看清别人，就要从他的语言节奏、说话方式以及语调着手。一个人的性格、爱好、人品等方面一般都会外露在语言上。

曾经有个人这样回忆他和周总理之间的一段奇遇："1972年8月3日夜晚，我在马路上骑自行车，一不留神插进了快行线。突然一声紧急刹车，一辆大型"红旗"轿车紧贴着我身体的左侧，"嘎"地停住了。我刚扭过头，这辆车后座旁的窗帘"唰"地拉开了。这时候，周总理那慈祥的面容立即跃入了我的眼帘。我仔细看看，真是我们敬爱的周总理。周总理正亲切地注视着我，目光中充满了关切，充满了爱护，像在询问：'同志，碰着了吗?受伤没有？'这时，总理的司机走下车来，站在我身旁问我：'同志，碰着没有?'我赶忙回答：'没事儿!没事儿!'有关人员迅速察看了现场，决定留下另一辆'红旗'轿车送我去医院检查，总理的车才开走。其实，我只是让汽车刚了一下，衬衫剐破了，后背蹭破了一点皮，有啥要紧?自己回家上点药就行了。可是，遵照周总理指示留下处理这件事的工作人员，却坚持让我坐进'红旗'轿车，并且脱下衬衫叫我穿上，他自己只穿个背心。我百感交集，思潮翻滚。一个普通工人，由于自己的不慎，蹭破点皮，却受到这样的关怀、照顾。"

这是一个普通工人的回忆，周总理的那句关切的话可能永远激励着他，

这也正是周总理人格魅力的写照。

另外，在生活中，我们也能从别人的声音和语调看出他的人格、品性以及他在与你交谈时的情绪等。而留意了他的语调语速变化，你就留意到了他的内心变化。有些语调变化是故意的，那是他想向你传达某些信息；而某些语调变化是潜意识的，你可以借此发现他的情绪变化，以便随时调整你的说话内容。

我们可以通过说话语调把生活中的人分为以下几种类型：

1.高亢型

这类人个性多见粗犷豪放、不拘小节，并且为人真诚、坦率，但也有缺乏耐性、易暴躁的缺点。

2.深沉型

这种人低调沉稳，满腔抱负，且具备雄才大略，但因他们不屑流俗于世，对人际关系冷漠的他们只能“顾影自怜”。

3.弱气型

这种人因为身体虚弱，说话的时候会显得底气不足。他们一般具有良好的文化修养，谈吐优雅、说话谦逊。他们在为人处世上也是小心谨慎，怕惹祸上身是这类人狭隘的一面。

4.和气型

一般来说，这类人多为男性，他们心胸宽广，不计较小事。而这种类型的女性一般也善解人意，温柔贤淑。但他们的缺点也很明显，就是常表现得多愁善感，做事显得犹豫不决。

5.尖锐苛刻型

这种人说话尖酸刻薄，犀利苛刻，从不体谅对方的感受。交谈过程中，他们一旦发现对方言语的漏洞，就会毫不留情地攻击到底，直到对方理屈词穷，无地自容。他们一般都显得不怎么友善。

另外，在生活中，我们可以更微妙地领略语速语调中透露出的各种人的丰富心理变化。一个平常说话慢慢悠悠，不缓不急的人，面对一些人对他说犀利的话的时候，如果他用快于平常的语速大声地反驳，那么很可这些话都是对他的无端诽谤；如果他支支吾吾，半天说不出话来，那么可能这些指责就是事实，他自己心虚、中气不足。当一个平时说话语速快的人，或者说话语速一般的人，突然放慢了语速，他一定在强调某种东西，想引起别人的注意。对于语调，人们在兴奋、惊讶等感情激动时说话的语调就高，反之，语调则低。

当我们得知这些以后，就能更深入地了解交际对象，从而方便我们作出轻松自如和正确的交际决策，在与人交际的时候如鱼得水，达到交际目的！

## 即刻听出对方言语当中的话外音

现代社会，是否会说话、能否掌握语言的艺术，无论是对于个人发展还是在日常交际中，毋庸置疑都，显示出了无可替代的重要性。戴尔·卡耐基说："一个人的成功约有15%取决于技术知识，85%取决于口才艺术。"这就阐明了说话水平的高低已成为一个人的生活及事业优劣成败的关键因素。但要学会说话，首先应该学会"听"话。"听君一席话，胜读十年书。"会"听"话的人既能很好地领会、理解别人说话的意思，又能仔细地欣赏、揣摩别人说话的技巧，更能从别人的言谈中听出言下之意和弦外之音，然后"以牙还牙"，作出相应的交际对策。

有一个年轻人，去拜访苏格拉底，向他求教演讲术。苏格拉底刚开口没说几句话，这位年轻人不但不认真听，还打断老师的话，自己滔滔不绝讲了许多话，以显示自己的才能。苏格拉底说："我可以教你演讲，但必须收双倍的学费。"年轻人问："为什么要双倍呢？"苏格拉底说："要教你两门课，除演讲外，还要上一门课——怎样闭住嘴听别人说话。"

从苏格拉底这段话里，我们也可以看出听与说的关系，听是说的前提，你要想更好地表达观点，就要建立在听清别人内心真实意愿的基础上。滔滔不绝并不是真的有口才，相反，如果你不懂得倾听，无法听出别人的言外之意，就会选择错误的对策，甚至造成无法挽回的恶果。古今中外，会说话的人很

多，如完璧归赵的蔺相如，使用离间计、以二桃杀三士的晏婴；同时，因嘴上功夫不足给自己带来祸害的人也数不胜数，如三国时期被曹操斩首的杨修、被孔明骂死的王朗等。

清朝的乾隆皇帝是一个善于听出别人话外音的人：

一天，乾隆皇帝在新任宰相和珅与三朝元老刘通训的陪同下，游山赏景。乾隆随口问了一句："什么高、什么低，什么东、什么西？"饱有学识的刘通训随口即应："君子高、臣子低，文在东来武在西！"和珅见刘通训抢在自己的前面，十分不快，随即相讥："天最高、地最低，河（和）在东来流（刘）在西！"因为当时的皇家礼仪中，上首为东、下首为西，此话暗示：你刘通训再老、再有能耐，还在我和珅的下首。

刘通训知道和珅的用心，心里也极不满。当三人来到桥上，乾隆要他们各人以水为题，拆一个字，说一句俗语，作成一首诗。刘通训张口即来："有水念溪，无水也念奚，单奚落鸟变为鸡（繁体为'鷄'）。得食的狐狸欢如虎，落坡的凤凰不如鸡。"和珅一听，好呀！老家伙骂我是鸡！岂能饶过他："有水念湘，无水还念相，雨露相上使为霜，各人自扫门前雪，休管他人瓦上霜！"告诫刘通训，给我当心点儿！

而乾隆听出了新老不和的弦外之音，二相不和，有损大清事业！于是，他一手拉一人，面对湖水中映出的三个人影说道："二位爱卿听着，孤家也对上一道。'有水念清，无水也念青，爱卿共协力，心中便有清。不看僧面看佛面，不看孤情看水情。'"二人听罢，心中为之一震，深为乾隆如此循循善诱而不降罪的龙恩所感动。和珅和刘通训立刻拜谢乾隆，当着皇上的面握手言和，结为忘年交。

乾隆皇帝是明智的，二位臣子表面上看是在吟诗作对，但实际上则是相互贬低。他听出了各种蹊跷，也明白臣子间不团结必有损大清事业。此时，如果他直接褒贬，一定会伤害一方的面子，致使双方的矛盾加深。因此，乾隆故意吟诗一首，通过诗歌来隐晦地传达自己希望二人和好的愿望，避免了对双方面子的伤害，收到了良好的效果。

生活中，我们在交际的时候，也应该善于听出别人的话外音。语言的精妙之处就在于影射，此言可以达彼意，我们只有提高警惕，仔细琢磨对方的语言，才能适时地听出。而我们如若希望能有效地听出对方的言外之意，需要记住以下几点：

①思考问题时要经常站在别人的角度。

②从别人的思想态度来思考问题。

③结合当时的情景，作出必备的判断。

④根据平时对他的了解和与他的关系来判断。

## 口头禅表现出对方的潜在心理

生活中，人们都存在着这样或那样的语言习惯，其中，很重要的一项就是口头禅。“口头禅”一词来源于佛教的禅宗，本意指不去用心领悟，而把一些现成的经验挂在口头，装作有思想。演变到今天，口头禅已经完全成了个人习惯用语的意思。而且，按照现代心理学的观点，口头禅其实也不是完全不“用心”的，它背后隐含着一些心理活动和心理作用。

几乎不可避免的，每个人都有自己常用的口头禅，也许大家没有意识到，这些自己根本没注意到的习惯，已经悄悄地“出卖”了我们。因此，你不妨也从这个角度来好好分析一下身边的人，也许会使你对他们有更多的了解……我们可以根据不同的口头禅把它们分为以下几个方面：

1.“听说、据说、听人说”

之所以用此类口头语，是给自己留有余地的心理形成的。这种人的见识虽广，决断力却不够。很多处世圆滑的人，易用此类口头语。

2.“说真的，老实说，的确，不骗你 ”

这种人有一种担心对方误解自己的心理，性格有些急躁，内心常有不平。

3.“但是，不过”

这类人有些任性，因此，总是提出一个“但是”来为自己辩解。“但

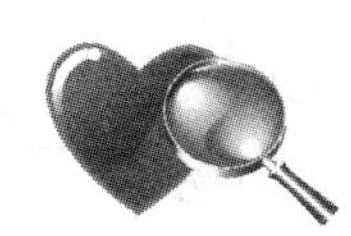

是”语是为保护自己而使用的，也反映了温和的特点，它很委婉、没有断然的意味。从事公共关系的人常有这类口头语，因为它的委婉意味不致令人有冷落感。

4.“应该、必须、必定会”

此人自信心极强，显得很理智，为人冷静，自认为能够将对方说服，令对方相信。“应该”说得过多的时候，反映了此人有“动摇”心理，长期担任领导职务的人，易有此类口头语。

5.“啊、呀、这个、嗯”

通常是词汇少，或是思维慢，在说话时利用这些词作为间歇的方法而形成的口头语的习惯。因此，使用此类口头语的人，反应较迟钝。也会有骄傲的公务员使用这种口头语。

6.“可能是吧、或许是吧、大概是吧”

经常说这种口头禅的人，说话、做事都很冷静。他们一般不会将内心的真实想法告诉别人。他们处事周密，人缘不错。一般来说，从事政治的人多喜欢说此类口头禅。

著名心理学家威廉·詹姆斯说过：“播下一个行动，收获一种习惯；播下一种习惯，收获一种性格；播下一种性格，收获一种命运。”口头禅反映了对某一类情形的反应模式。尤其带有消极词汇的口头禅，对认知和情绪都是一种消极暗示，所以，心理治疗师即使肯定别人，也很少说“不错”等带有双重否定的词汇。

那么，从我们自身讲，又该怎样避免口头禅为我们带来一些负面的效应呢？据有关专业人士介绍，有三类对人心理健康不利的口头禅应避免使用：

第一类，“我不行”“我面”“我怯场的”。在生活中，我们常可以听到这样的口头禅，这一类口头禅通过负面信息来不断强化对自己的否定评价，会导致人们产生自卑感，对心理健康实在是不利。

第二类，人们要摈弃那些会使人产生刻板印象的口头禅，诸如，“十商九奸！”“不塞红包能行吗！”因为从心理学角度而言，刻板印象是指人们在社会生活中根据先前的经验来为人处世，当这些固有的看法一旦形成，就

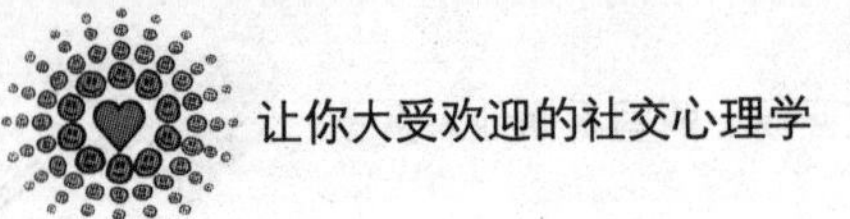


会被加强，成为定式，并以此作为判断评价他人的依据。这些带有刻板印象的口头禅会给人们带来偏见，既不利于人际交往的和谐，也不利于身心健康。

第三类，则是诸如“凑合着吧”“没劲透了”“活着真没意思”这些会传染给他人消极情绪的口头禅。不抛弃那些口头禅，会让你在社会生活中成为不受欢迎的人。

总之，别小看了简单的几句口头禅，我们与人交往时，可以通过口头禅发现其背后隐藏着的心理问题，也需要尽量克服一些消极的口头禅，这样有助于我们成为一个具有语言魅力的交际红人。

## 捕获某一个眼神，洞穿对方心理

人们常说，眼睛是心灵的窗户，也是灵魂的所在。灵魂储藏在你的心中，闪动在你的眼里。孟子在《离娄章句上》中有一段以观察人的眼神来判断人心善恶的论述：“存乎人者，莫良于眸子。眸子不能掩其恶。胸中正，则眸子瞭焉；胸中不正，则眸子眊（眼睛昏花）焉。听其言也，观其眸子，人焉廋（藏匿）哉？”眼神往往会毫不掩饰地展现你的学识、品性、情操、趣味、审美观和性格。戏剧表演家、舞蹈演员、画家、文学家、诗人都着意地研究人们的眼睛，认为它是灵魂的一面无情的镜子。一个敏锐的人，总是善于捕捉人们瞬息万变的眼神，洞察对方的内心。德国著名心理学家梅赛因也说：“眼睛是了解一个人的最好工具。”此言不虚。语言可以说谎，但眼睛不会。

所以，要了解一个人的情感，从眼睛入手最好不过。

曾经有个叫詹姆士的建筑家，他发明了一种可以防止偷盗行为的方法，那就是画一幅皱着眉头的眼睛抽象画，镶于大透明板上，然后悬挂在几家商店前。果不其然，那段时间，店铺的偷盗案件迅速减少。当有人问他原因时，他说：“我画的虽然不是真正的眼睛，但对那些做贼心虚的人来说，却构成了威胁，极力想避开该视线，以免有被盯梢的感觉，因此，便不敢进商店内，即使

走进商店里，也不敢行窃了。”

这就是眼神的力量，那些小偷看见的虽然是假的眼神，可是有种心虚的感觉，心理作用让他们不敢再偷盗了。

生活中，我们在与人交际的过程中，也可以选择观察别人的眼神来洞悉他的内心世界，比如，开心的眼睛是水亮有神，笑容灿烂；尊敬的眼睛表明他有点害怕，笑容勉强；爱慕的眼睛是眼神迷蒙，笑得腼腆的；困扰的眼睛是深邃无神，若有所思，眉头紧锁。

具体说来，我们可以从以下方面来看：

第一，从眼部动作看交际对象的心态：

①如果你和对方交谈时，对方的双眼突然明亮起来，表明他对你将说的话题很感兴趣，也可能是你的话对他来说正中下怀。

②如果不管你说什么有趣的话题，对方的眼光总是灰暗的，可能他正在遭受某种不幸或者遇到什么不顺心的事。

③如果对方瞳孔放大、炯炯望人、上睫毛极力往上抬，表明他对你的话感到很惊恐。

④如果你能通过余光发现对方正在斜眼瞟你，表明他想偷偷地看人一眼又不愿被发觉。如果对方是异性，可能传达的是害羞和腼腆的信息。

⑤眼睛上扬是假装无辜的表情，这种动作是在佐证自己确实无罪。

⑥眼睛往上吊，说明对方有某些不愿为别人知道的秘密，喜欢有意识地夸大事实，因此不敢正视对方。

⑦说话时喜欢眼睛下垂的人，一般比较任性，凡事只为自己设想，对于别人的事漠不关心，甚至对别人的观点常抱有轻蔑之意。

⑧挤眼睛是用一只眼睛向对方使眼色，表示两人间的某种默契，它所传达的信息是：“你和我此刻所拥有的秘密，任何其他人无从得知。”

第二，作为一个生理器官，眼睛还会显示出一个人的精神状态：

①一个健康、精力充沛的人的眼睛通常明亮有力，眼睛转动灵活机警，眼光清晰、水分充足.

②一个疲劳的人眼睛就会显得乏力无味、目光呆滞、眼光混浊；

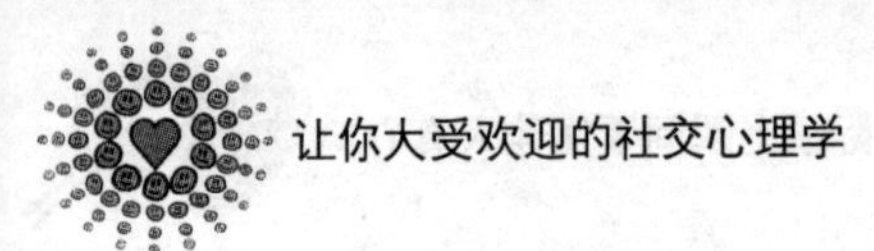


③一个乐观的人眼睛通常充满笑容，善意十足；

④一个消极的人往往眼睛下拉，不敢正视别人的眼光。

第三，通过视线来观察，一个人的视线可以从不同角度和不同的观点来了解：

比如，对方是否在看着自己；对方的视线是如何活动的。对方直盯着自己，或视线一接触马上转移，其心理状态是迥然不同的。

这只是一些简单情况的概括，我们在遇到不同的交际对象的时候，还应该运用具体的观察方法，做到有的放矢，这样，你才能游刃有余地与人交往！

## 小小手势表现其内心活动

我们每天都与各种各样的人打交道，有熟悉的，有不熟悉的；有关系好的，有关系不好的；有朋友，也有对手。你如何与他们相处？首先你要读懂他人。“知彼知己，百战不殆”，了解对方的心理活动，是作出交际对策最基础的一步。打个比方说，熟悉下象棋的人，都有这样的经验，若你想赢得这盘棋，除了看清楚棋盘上的棋子外，还必须看透对方下这步棋的用意，进而判断出其后的布局，最终才能获胜。所谓“高手前后看三步”就是这个意思。而人心是无法从肤浅的表面了解的，但我们有时候可以根据他人的举动，来判断他的用意、心思。

一个人的语言可能会欺骗你，但是他的身体语言不会。人们可以在语言上伪装自己，但身体语言经常会“出卖”他们。因此，解译人们的身体语言密码，可以更准确地认识他人。

跳槽后的小李很快接到了新单位的面试通知。但事有不巧，这天早上他的手机突然罢工，定的闹钟没有响，他起床的时候已经是九点二十了。于是他急急忙忙地洗漱、整理面试用品，到了面试的公司时已经是十点半了。他刚坐下，气还没喘匀，人力资源经理就走了进来。还没谈两句，该公司副总又走了进来，想看看面试情况。

小李的紧张一下子就到了顶点。介绍工作经验时，他不时地摸自己的鼻子，尽管自己没有感冒，也不觉得鼻子有多痒。他明显感到那个副总脸上的表情是晴转多云，可自己一点办法也没有，本来昨天做了一些面试准备功课，可早晨一慌乱，全忘了，现在他的脑子里一片空白。不久，他头上就冒汗了，自己顺手擦了一下。

副总和人力资源经理耳语了两句，对小李说："你们先聊，我出去了。"小李有些僵硬地笑着起身打招呼。剩下的面试简直就是在走过场，对方问了他几个无关痛痒的问题，就匆匆结束了面试，还很客气地说让他等通知。小李自己心里明白这不过是客套话，连他自己都不抱任何希望了。

小李面试的失败，其实就在于他摸鼻子这个小动作，一个人在说话的时候摸鼻子，给人的第一印象就是不自信。你可别小看这种微不足道的小动作，说不定哪天就会因为它造成的负面印象让你在面试途中"折翼"。

可见，我们在与人交流沟通时，即使不说话，也可以凭借对方的手势来探索他内心的秘密。对此，我们作出以下总结：

一、如果对方有以下动作，表明他可能在说谎：

①交际场合，如果你发现对方不时地拉衣领，说明其心虚。此时，你只要问他："请你再说一遍，好吗？"如果对方支支吾吾，前言不搭后语，则对方极有可能在说谎。

②如果一个人说话时下意识地用手遮嘴或摸鼻子，则代表其有说谎的嫌疑。

二、如果说话对方出现以下动作，表情他对你所说之话抱有消极的态度：

①当你正即兴表达自己的观点时，对方出现了用手抓耳朵的动作，表明他对你所说的话已经厌烦了，不想再听，或是想由聆听变为讲话。

②在公共场合，如果众人出现了交叉双臂，或用手遮嘴的动作，则代表他们对你说的话不太相信，甚至认为你在说谎。

③说话时用手搔脖子，表示人们对所面对的事情有所怀疑或不肯定。

三、为了获得他人的信任，产生积极的谈话效应，我们可以尽量做出以下动作：

①说话时，尽量手心朝上，因为这个动作传达的是积极的、坦诚的、正向的信息。

②有意识地使用手掌摊开的姿势更能赢得他人的信任，但是，一旦手掌摊开的姿势成了习惯，就不灵了。

③握手时掌心向上，并垂直与对方握手，能表明你性格温顺，为人谦虚恭顺，愿以彼此平等的地位相交。

可见，我们在与人交往的过程中，如果能掌握这些手势信号，就可以洞悉对方的内心活动，从而判断他的用意、心思，这远比语言更具真实性！

## 坐、立、行的姿态表现对方个性

生活中，人们常常羡慕那些懂得识人察人的人，因为他们总是交际圈中的红人，办起事来似乎也总是容易得多。可能你会认为洞察术很神秘，其实不然，只要我们善于抓住别人内心世界的某些外在表征，以这个为切入点，自然能看透一个人。比如，坐、立、行，这些经常被人们忽视的细节也能表现出一个人的个性。

我们要学会“窥一斑而知全豹”“一滴水看见海洋”。学会看透别人，能帮助我们看透别人的行为动机，把思想和注意力引向正确的方向，排除摆在眼前的交际诱惑，看清眼前的形势，从而妥善规划自己的交际策略。

崔晓丽有着令周围人羡慕的职业——心理医生，但正是因为识人无数，让她左挑右选到了三十岁还没有恋爱对象。在朋友一次次的催促下，已经成为“剩女”的她也不得不加入相亲的队伍。

那天，在母亲和一群朋友的把关下，崔晓丽决定在一家相当有品位的酒吧进行她人生的第一次相亲“活动”。崔晓丽深知第一印象的重要性，于是，在一番精心打扮之后，她来到了酒吧。当她在酒吧门口的时候，就看见一个人

已经跟她打招呼了，此人不错！为了尽显自己的窈窕身姿，展现自己的迷人风采，崔晓丽开始改变自己的走路方式，她慢慢地迈开小碎步，缓缓地向酒吧大厅走去……

可是，走近那个男士一看，他双臂交叉抱于胸前，熟知心理学知识的崔晓丽明白，这是一种防御性的姿势，是一种心理上的防护，也表示对眼前人的排斥。“难道他排斥我？”果不其然，从这个男士后来的交谈中，崔晓丽发现了他对自己的不满：“你已经三十了？长那么漂亮为什么不结婚呢？”一连串的问题向崔晓丽扑来，她真后悔没在看见他的姿势之前离开酒吧。

人的性格、情绪、人品都溢于言表，一个人的内心世界也不可能没有外泄的部分，一个人的坐立行就是很好的表露，只要我们善于发现，然后加以分析，即使面对“伪装”得再好的人，我们也能发现破绽。

究竟如何从坐立行上看透一个人，是一个值得推敲的问题：

1.行姿上

①走路抬头挺胸者，多心高气傲。这类人走路的时候，总是大步向前，给人一种心高气傲的感觉；的确，这类人很有自信，有力量，但他们致命的弱点就是缺乏耐性和毅力，经常信誓旦旦地要做一件事，但一旦遇到困难，就很容易退缩。

②走路时叉腰者，多做事果断。这类人性子急，做事节奏快，他们总是希望能在最短的时间内完成最多的事，因此，他们的做事效率较高；另外，他们极具爆发力，也很具有领导力。

③走路蹦蹦跳跳者，多心情溢于言表。这类人，他们总是有一颗童心，无论遇到什么事，都乐观向上；他们不会掩藏自己的情绪。一般来说，这类人较好相处。

④走路不紧不慢、优哉游哉者，多无上进心。在这类人看来，任何事情都不能让他们加快步伐，他们总是不慌不忙的样子，对于现状也总是很满足。

2.坐姿上

①正襟危坐、表情严肃者，多为完美主义者，他们做事严谨、力求做到面面俱到。

②坐着的时候，身体蜷缩、双手夹在大腿间者多为小心翼翼且自卑者，大多属服从型性格。

③侧身而坐的人，多以自我为中心，不在乎周围人的眼光。因此，他们觉得，坐着的时候，只要自己感觉舒畅就行，没必要给他人留下什么好印象。

④敞开手脚而坐的人，他们霸气十足，喜欢周围的人和事。但这类人性格外向、不拘小节，也因此常得罪人。

⑤坐时玩转椅子，这是当人们面临语言威胁，对他人的讲话感到厌烦或想压下别人在谈话中的优势而做出的一种防护行为。

3.立姿上

①一个人如果站立时弯腰曲背，或略呈佝偻状，则属于封闭型立姿，表现出自我防卫、封闭、消沉的心理倾向。

②站立时喜欢双手插兜者，心思多缜密，性格通常谨小慎微，凡事三思而后行，但他们也存在灵活性不够，耐挫能力差等缺点。

以上只是一些较为常见的坐立行姿和人的内心世界的关系，当然，每个人有不同的行为习惯，呈现多样性特征，我们不能以偏概全。但只要我们细心观察，就能探测他人的内心世界，然后有的放矢，拨开交际中的迷雾，适时地作出自己的交际规划!

## 吃相醉态暴露对方真品性

俗话说，“人心隔肚皮”，不同的人，隐藏的深浅自然不一样，尤其是那些社交老手，更是深藏不露。很多时候，我们根本无法通过言行举止洞彻他人的想法。但我们可以观察得更细致些，比如，饭桌上，我们可以通过吃相醉态，来了解他人的真本性，因为人们在“毫无防备”的情况下往往会暴露本来面目。

小王是一名外企职员，负责市场部的信息工作。最近，小王接到了经理分配的一个任务，那就是探清楚合作公司的虚实，因为该公司有利用这种商业

联谊窃取商业机密的嫌疑。

这可把小王急坏了，这根本是个没突破口的任务，因为小王在对方公司也没有认识的熟人。苦苦思索之后，小王豁然开朗，既然没办法让他们自己承认，就只有他主动出击了，他想到的办法就是让对方代表“酒后吐真言”。

那天，小王把那位代表约出来，两人很快就称兄道弟了，然后小王慢慢地给对方灌酒，酒量不好，没一会儿，就开始“胡说八道”了。小王乘机问：“你们和我们公司合作到底是为了什么？”对方的“口供”正如小王和所有领导所料，他们公司只不过是为了获得第三方的资料。

现代社会，人们从事社交活动，多是带有一些目的的，其中也不乏对我们不利的目的。我们只有识别对方的目的，才不会在交际中被人利用。我们可以像案例中的小王一样，必要时采取投石问路的方法，用点小计谋，这样，对方的意图就能一目了然。

具体来说，我们可以从“吃相”和“醉态”两方面来探知一个人的真品性：

1.“吃相”

（1）“蜻蜓点水”型

这类人食量小，正和他们的胃一样，他们什么事都不会放开手去做，因为其墨守成规，所以不善于创业，也不会在事业上取得太大的突破。

（2）“吃独食”型

这类人爱单独进食，但与其进食习惯相反的是，他们虽然不愿与人分享，但极具责任心，言行一致，信守诺言，工作令人满意，性格冷僻。

（3）“通吃”型

这类人不偏食，对人际交往的对象也不挑剔，他们性格随和，生命力旺盛，多才多艺，可以同时应付多种工作。

（4）好“切割食物”型

这类人在进食的时候，会把一份食物分成很多份。他们一般为人处世小心而谨慎，做任何事都很细致；但有时难免流于保守和顽固，善处守势，不习惯采取攻势。

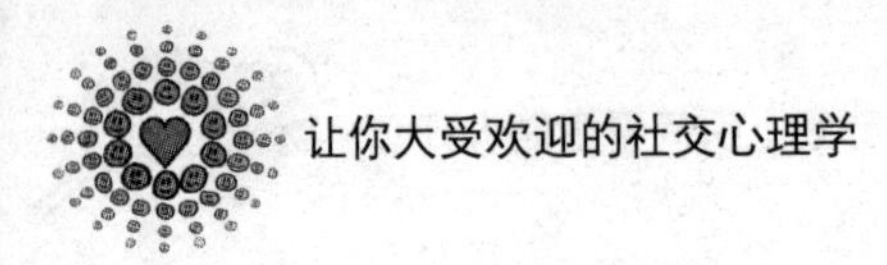


（5）“狼吞虎咽”型

这类人在进食的时候，并不会过多地品尝食物，他们进食速度相当快。他们个性豪放，精力旺盛，办事果断，待人真诚，具有强烈的竞争心和进取精神。

（6）“细嚼慢咽”型

这类人会把进食当成一种享受，进食的时候速度缓慢，会细细咀嚼品尝。这类人办事态度周详、严谨，无把握的事绝不做，爱挑剔，对人有时过于冷酷。

（7）“大胃”型

这类人食量大，一旦进食时找到爱吃的食物，不吃饱决不罢休。这类人性格直爽，喜怒溢于言表，从不掩饰自己的感情，缺乏细致的思维。

2.“醉态”

（1）“呼呼大睡”型

这种人可以说是把喝酒当成一个放松的契机，因为他们通常都是“好好先生”，性格内向，对待周围人的要求总是来者不拒，因此，身心俱疲的他一旦喝酒，就会呼呼大睡。

（2）“酒后话唠”型

这种人，在日常生活中，多沉默不语、性格古板，人际关系常令他苦恼，因此，一旦喝醉，他就会一诉衷肠，滔滔不绝地说话。

（3）“无精打采”型

这种人虽说酒后会变得毫无生机，但生活中的他们其实性格正好相反。与人交往，他们虽活泼但极具攻击性。认识这种人，不要被他们的“酒态”所迷惑，他其实属于行动比较积极的人。

（4）“手舞足蹈”型

这种人饮酒后就如同一只被松绑的动物一样，会变得动作夸张，行如蟹状，拿着酒杯或酒瓶晃来晃去，一看就知道他“醉了”，其实他还“没醉”。这种人的反叛性很强，当然他对现实有太多的不满，而他往往又非常压抑自己。

（5）“适可而止”型

不论何时何地，不管与任何人一同饮酒，都能做到适可而止的人，作为工作上的伙伴绝对没错，他良好的天性就是能与共事的人密切合作。

（6）“彬彬有礼”型

一般来说，人们醉酒之后，都会一反常态，这种人却是一个例外，这是因为他们在思想方法上也未免含有某些僵化的教条，并已经根植于他们的血液里。所以，这种彬彬有礼的动作，莫过于对有这种酒后行为者的本性的极大讽刺。或许这种人应学得灵活一些、开明一些、大方一些、坦诚一些。

（7）“热泪盈眶”型

这种场面很让人感动，一边饮酒一边与你交谈，他的眼泪却不由自主地掉下来，“心软”的人很可能霎时不知如何是好。

（8）“引吭高歌”型

这种人很会享受自己的生活，喝酒就是喝酒，忙碌的工作后总会很好地轻松一下。这种人是一种值得信赖的人，特别是在工作上。

## 一个微表情透露了他的真心

生活中，我们偶尔会听到这样一个名词——微表情。微表情的概念是由美国心理学家保罗·埃克曼在1969年提出的，后来随着美剧《别对我撒谎》而流行起来。微表情，是内心流露与掩饰，是心理学名词。人们通过做一些表情把内心感受表达给对方看，在人们做的不同表情之间，或是某个表情里，脸部会“泄露”出其他信息。“微表情”最短可持续1/25秒，虽然一个下意识的表情可能只持续一瞬间，但这是种烦人的特性，很容易暴露情绪。当面部在做某个表情时，这些持续时间极短的表情会突然一闪而过，而且有时会表达相反的情绪。也就是说，一个人的微表情的表露可能会下意识地表露出他的真心，为此，我们可以以此为突破口来察看一个人真实的内心世界。

《红楼梦》中的王熙凤，虽然有时候心肠歹毒，可是我们不能否认的是，她是个出色的交际家，很善于看穿一个人的心思。

贾敬大寿，宁府设宴唱大戏，少不了亲戚朋友捧场。王熙凤因为秦可卿重病，先去探望病人，在穿过花园去赴宴的途中遇见了贾瑞。凤姐儿正自看园中的景致，一步步行来赞赏。猛然从假山石后走过一个人来，向前对凤姐儿说道:“请嫂子安。”凤姐儿猛然见了，将身子望后一退，说道:“这是瑞大爷不是？”贾瑞说道:“嫂子连我也不认得了?不是我是谁!”凤姐儿道:“不是不认得，猛然一见，不想到是大爷到这里来。”贾瑞道:“也是合该我与嫂子有缘。我方才偷出了席，在这个清净地方略散一散，不想就遇见嫂子也从这里来。这不是有缘吗?”一面说着，一面拿眼睛不住地觑着凤姐儿。

凤姐儿自然能从贾瑞这一表情中看出他的叵测居心，从下文中，我们了解到，她对贾瑞一番戏弄以后，看贾瑞远去，心里暗忖：“这才是知人知面不知心呢，那里有这样禽兽的人呢。他如果如此，几时叫他死在我的手里，他才知道我的手段!”而贾瑞也最终被王熙凤戏弄致死。这里，姑且不去讨论王熙凤的歹毒，我们可以发现，王熙凤正是凭借她的八面玲珑和敏锐的观察力，才能在贾府中如鱼得水，一人之下，万人之上。

其实，我们在与人交往的过程中，可以发现，一个人的语言可以掩饰他的内心世界，但他的微表情可能会出卖他的真心。从这些入手，我们就能一眼洞察别人的内心世界，从而方便自己实行下一步的交际决策。比如：

①说话时两边嘴角下拉、眼神往下表示尴尬。

②嘴唇紧闭、鼻孔外翻表明很生气。

③真笑与假笑的区别是眼角有无皱纹。

④当面部表情两边不对称的时候，表明他的表情很可能不是发自内心的，当然，对于脸部受过伤的人则另当别论。

⑤害怕、愤怒和性兴奋都会使人的瞳孔放大。

⑥恐惧时，眉毛可能上挑并挤在一起。

⑦超过一秒钟的吃惊状通常是假装的，任何微表情都是转瞬即逝的。

⑧额头、眼角有纹路产生表明陷入悲伤，当然，做过拉皮手术的人，会出现脸部肌肉麻痹的情况，这种情况另当别论。

⑨说话后抿嘴表示对自己的话无信心。

⑩眉毛上扬、下颚张开表示惊讶。

⑫眉毛朝下紧皱、上眼睑扬起、眼周绷紧，表示将要实施血腥暴力行为。

⑫明知故问的时候眉毛会微微上扬。

⑬如果对方对你的质问显露出不屑，说明你的问题触到了对方的痛处。

在日常生活中，如果我们错误地理解“微表情”的含义，我们就会对交流对象形成错误的判断。这增加了人们之间的隔阂，而不是互信。如果理解了“微表情”，我们就更能够从一闪而过表情信号里发现有价值的信息。要知道，人脉就是一张关系网，火眼金睛、有洞察力的人才能掌握这张关系网中的每一个人，和每一个人处好关系，然后利用良好的人脉关系达到自己的目的，顺利地登上成功的宝座！

## 由情趣与爱好了解他的心理

在当今这个纷繁变化的社会中，交际已经成为人们社会生活中不可缺少的内容。而我们在与人交往的过程中，只有洞察别人的内心世界，才能更好地处理人际关系。

一个人的内心，很多时候会表现在情趣与爱好上，观察这些，有助于我们很好地了解一个人，从而帮助我们选择理想配偶、识人交友、认清同事等，以趋利避害，获益于人际交往收获幸福美满的人生。

姜尚，也就是姜子牙，是西周灭商的军师，他直至成为一个七旬老叟时，才被西周文王发现，实现了自己的人生抱负，完成了千古霸业。

渭水之畔，姜子牙坐于石上垂钓，奇怪的是，他使用的是直钩。西周文王曾经听说过姜尚的才能，但不敢肯定。如今看见那垂钓的姜尚，断定了姜尚就是自己要找的人。姜尚七旬出山，帮助西周打下了江山。

这就是“姜太公钓鱼愿者上钩”的由来，姜尚独特之处在于用直钩钓鱼，这种异乎常人的行为，让文王看出了他的人生志趣并不在此，更加断定了姜尚就是自己要找的人。生活中的我们，在人际交往中，也可以利用别人的兴趣爱好识别其才干和能力，让别人为你所用。

生活中，有的人喜欢体育运动，有的人则喜欢野外钓鱼；有的人喜欢下棋，有的人则喜欢搞收藏……从兴趣爱好上，我们可以了解一个人的性格，也可以获知其心理状态。因为兴趣爱好是一个人性格的镜子，每个人的兴趣与爱好各有差别：

1.从爱好的音乐上看

喜欢流行音乐的人，多属于随波逐流者，他们对人生、对未来一般都无完备的规划和部署；

喜欢听凄美歌曲的人，多愁善感，易情绪化，但他们心地善良，体恤他人；

喜欢歌剧的人，追求一定的生活品位，但多思想传统保守，且容易情绪化；

喜欢乡村音乐的人，性格恬静，成熟稳重，做事前一般会作足准备；

喜欢交响乐的人，踌躇满志，积极性高，很容易和陌生人结识，但对别人盲目相信，往往容易吃亏和受损失，也有不务实的缺点；

喜欢摇滚乐的人，不喜欢独处，不能忍受寂寞，爱好体育运动，愤世嫉俗；

喜欢古典音乐的人，理性较强，比较自省，能够用理智约束情感；

喜欢打击乐的人，性格直爽，为人耿直，对生活充满了激情，并精心设计自己的未来；

……

2.从阅读的书籍类别看

喜欢读言情小说的人：一般以女性居多。这类人比较注重感情，也很感性，易敏感，但正因为如此，他们有着非常敏锐的洞察力和感知力；

根据自己的喜好阅读某些内容的人：他们大多喜欢热闹、幽默自信、活泼外向且善于广交朋友，有领导才能，但做事往往不能做到细致入微；

为打发时间而阅读的人：他们多内向、内心孤独，人际关系差，没有什

么社交活动，所以大部分的闲余时间可能会以阅读来打发，他们没有什么明确的读书目的，但他们有很强的想象能力，善于察言观色，忠厚老实，不钻牛角尖；

迅速浏览报纸内容的人：这类人性格偏外向，他们总富有朝气和活力，做事积极性高，喜欢热闹，不迟钝呆板，办事周到积极，不排斥新事物，但不善隐瞒，也随遇而安，有时喜欢张扬，听不进他人劝诫；

喜欢阅读财经杂志的人：不喜欢安于现状，不甘寂寞，而且有知难而进的勇气；

喜欢读时装杂志的人：喜欢追求时尚，出手大方；

……

3.从爱好的颜色看

喜欢白色的人：他们有着纯洁的心，为人单纯，追求完美，积极进取。但因为他们原则性太强，凡事泾渭分明，讲究实际导致了他们一般不容易与陌生人和平共处；

喜爱紫色的人：紫色代表权力，也是高贵的象征。喜欢紫色的人多自信、清高，但很少出现情绪化和冲动；

喜欢粉红色的人：这类人大多性情优雅，对未来总是充满美好的憧憬；他们讲究礼节，在交际场合能很好地掌握尺度；他们追求品位生活，有较强的审美能力，注意和讲究装束；

喜欢黄色的人：喜欢这类颜色的人，比较善于隐藏自我，与之交往，很难捉摸其内心真实想法；他们脾气倔强，得理不饶人，不易得到别人的喜欢；

喜欢黑色的人：压抑、消极、典雅与威仪；没有激情和活力，对待他人十分谨慎小心，极力避免意外的麻烦；

爱好红色的人：他们喜欢展现自我，容易冲动，感情丰富，热情奔放，好奇心强，这也是他们经常遇到困难的重要原因；

……

这只是人们常见爱好中的一部分，而如何迅速、准确地识别交际对象的人品、性格以及心理动向和能力大小，还需要我们根据具体交际场景进行

# 第2章 寒暄打破陌生，热情是走进人心的第一步

寒暄是什么意思？简单地说，寒暄就是问候与交际。在日常交际中，寒暄语是自我推销和人际交往时与他人开始沟通和交流的最常用的口才方式。适宜的寒暄，可以打破彼此之间的陌生感，让自己的热情走进他人心里，从而赢得对方的好感。

## 必要的寒暄打开交际的场面

在现实生活中，温饱问题不在话下，自然而然，寒暄语也多了起来。比如，我们经常听到“你高升了吗？”“你在哪里发财？”“你上网了吗？”这样的寒暄语，是相当普遍的，不过，也没什么新意，但在交际中就是需要这样几句寒暄语，才能打开交际的场面。关键的是，在某些场合，寒暄不能这样简单了事，我们还需要斟酌字句，比如，对女性的寒暄，若是对方身材比较丰满，而且一直努力在减肥，而你一见面就老实地恭维对方发福了，那定会让对方心生厌恶之感。

冬天，北京一个旅行社接待了一个旅游团，正好遇到了天空飘着鹅毛大雪，顿时，游客的着装、行车、步行、登山都将受到一定的影响，有的人对在北京的旅行感到忧心。对于导游来说，在这时应该及时地观察游客的心情，选择恰当时机给予安慰。

就在游客们坐在车上纷纷议论北京恶劣的天气时，导游开口了：“亲爱的朋友们，早上好！我想大家一定是真的好!因为北京此时正呈现出难得一见的北国风光、千里冰封、万里雪飘的壮观景象。今天实在是个难得的日子，是我们可以亲自去体验毛泽东主席诗句意境的日子。老天就是这么有眼，我们就是这么幸运，给我们送来飘飘的雪花，那么就让我们快乐地上路，去当一次踏雪登长城的好汉吧!”

在这时，导游嘴里说的是北京的天气，不过，又巧妙地将美好的雪景与游客的行程结合起来，最后消除了游客内心的忧虑，带动了游客们的情绪。

这样的寒暄完全是从游客心理的角度出发的，当然也就很容易被游客所

接受。通常情况下，人们在初次见面时，一般都会以对方给自己留下的第一个印象作出本能的判断。假如是好的印象，那在无形之中就提升了其个人魅力。相反，如果寒暄语言说得不好，则会让对方在心里产生排斥。因此，必要的寒暄语是人际交往的第一步，我们要善于把握寒暄的时机，让简短的几句寒暄语给自己的工作和生活带来更大的成功。

下面，我们就简单介绍几种常见的寒暄语类型。

1.问候型

问候型的寒暄语又分为典型问候型、古典问候型、传统意会问候型。

（1）典型问候型

通常，典型的说法就是问好，如“你们好”“大家好”等，这是典型的寒暄语，也是人际交往过程中最常用的一种问候语。最近几年，在人际交往中也开始流行英文化的问候方式，比如“嗨”“哈喽”。

（2）古典问候型

这样的寒暄语具有古代的文化色彩，比如“幸会”“久仰”等。这样的寒暄语书面风格比较鲜明，通常用于比较正式、庄重的场合，而在一般的交际中用得比较少。假如我们不顾当时情境的实际情况，自顾自地说“久仰久仰”，则很可能会引起对方的反感。

（3）传统意会问候型

这样的寒暄语指的是一些貌似提问，实际上却是表示问候的招呼语。比如，“上哪去呀？”“吃过饭了吗？”“怎么这么忙啊？”。在人际交往中，这样的语言并不是提问，而是见面时交谈开始的寒暄语，对方并不需要回答。当然，这样的寒暄语常用于较为熟悉的人之间。

2.关照型

关照型寒暄主要是在寒暄时积极地关注对方的各种需求，在寒暄过程中不露痕迹地解决对方的疑问或疑难。在人际交往中，对方的需求可能是生活方面的，但更多的是心理感受方面的，假如我们在寒暄中可以有针对性地关注这些问题，就可以在一定程度上解除对方的某些必要的或不必要的担心，有效地活跃交际的气氛。

3.攀认型

攀认型寒暄，也就是抓住双方共同的亲近点，并以此为契机进行发挥性问候，从而达到与对方顺利接近的目的。我们在与他人接触的时候，只要留心，很容易发现自己与对方有着这样或那样的共同点，比如“老乡”“自己喜欢的地方”“自己向往的地方”等，这就是与对方攀认的好时机；也可以制造出与对方“沾亲带故”的关系，比如，“大家都是四川人，我母亲出生在四川，说起来，我们算是半个老乡了”。

## 用适宜的开场白建立起人际关系

在日常交际中需要有精彩的开场白，出语不凡的开头，能唤起听众的兴趣和求知欲，产生巨大的吸引力，从而紧紧抓住对方的心，让对方非听下去不可。另外，精巧的开场白，可以画龙点睛地勾勒出话题的主旨，能自然顺畅地引领下文，将对方带进声情并茂的讲话情景，形成有利于接受说话内容的心理定式。一个好的开场白是很重要的，假如没有一个好的开头，想在整个沟通过程中始终做到轻松、巧妙的状态是很不容易的。善于交际的人，他们往往很重视说话的开场白。其实，原因很简单，开场白是我们向对方出示的第一个同时也是最重要的信号。是否能以适宜的开场白抓住对方的兴趣，引发他们听的兴趣以及打消彼此的陌生感，就取决于这最初发出的信息。

一位监考老师在监考开始时说：“同学们，考试就要开始了。大家都是久经沙场的老战将，对考场纪律、考试规则可以倒背如流，我就不再重述了。我作为一名监考者，既是一名服务员，又是一名裁判员。我将给大家提供最佳的服务，只要你举起一只手，必定回报‘我来了’，不敢有丝毫的怠慢；但裁判员的身份又要求我是公正的，望我们互相关照，并希望大家谅解我的公正和严厉。最后祝大家考出优异的成绩。”

这段开场白说得非常美妙，犹如和煦的春风，使学生紧张恐惧的心情平静下来，从而进入最佳的心理状态；又拉近了监考教师和学生的心理距离，二

者之间对立的情绪烟消云散，使学生树立起自觉遵守纪律的主人翁意识。

抗战期间，著名的作家张恨水在成都中央大学的即席讲话中说道："今天，我这个鸳鸯蝴蝶派的作家到大学来演讲，感到很荣幸。我取名'恨水'不是什么情场失意，而是因为我喜欢南唐后主李煜的一首词《乌夜啼》中的'恨水'二字，我就用它做了笔名。"

这种开头把自己的文学流派、性格、爱好，毫不隐瞒地介绍出来，给人留下一种真诚、坦率的印象，让人听了生出一种莫名的好感，从而达到了很好的破冰效果。

1938年，陈毅率新四军在浙江开华县华埠镇休整，当时一个抗日组织召开欢迎大会，陈毅同志在会上作了即兴讲话。会议开始，主持人称陈毅为"将军"，陈毅登上台，接过话头大声说："我叫陈毅，耳东的'陈'，毅力的'毅'。刚才主持人称我为'将军'，实在不敢当，我现在还不是将军，当然叫我将军也可以，我是受全国老百姓的委托，去'将'日本鬼子的'军'。这一'将'，直到把他们'将'死为止……"

这个开头信手拈过别人的话头，讲得自然风趣、幽默传神，抓住了在场人的心理，同时也让人们在笑声之余对陈毅将军产生敬佩之情。当然，陈毅将军所希望与人建立和谐的人际关系的目的也达到了。

开场白是指见到对方以后的第一次谈话，良好的开场白对于树立良好的印象十分重要。说话虽然看起来很简单，但是要真正地说好一个开场白并不容易。如何做好开场白对我们而言是一个不小的挑战，这是因为在与对方交谈的时候我们不是简单地介绍自己，而是首先要与对方建立良好的人际关系。良好的开场白可以营造一个轻松、愉快的环境，这样才有利于我们与他人之间建立良好的人际关系。

那么，在日常交际中，我们如何选择精彩而吸引听众的开场白呢？你可以采用下面几种方式：

1.信手拈来式

信手拈来式，就是接过别人的话头，顺势发表讲话。这样的开场白可以衔接前一位发言者的说话，也可以顺势发表自己的见解。但是，需要找到前面发言者和自己的所讲话题的切合点，才能巧妙地使用。

2.自我贬抑式

自我贬低式的开场白，可以使气氛更轻松活跃。开场白虽然采用了自我贬损，但效果正相反，不但表现了说话人的坦率幽默、机智随和，而且备受听者的欢迎。

3.自我介绍式

即开头自我介绍，可以介绍自己的姓名、身份、职业、经历、爱好或表明自己的立场观点。这种开头形式给人一种诚挚、坦率的感觉。

4.开门见山

就是一开始就用高度凝练的语言把基本的目的和主题告诉听者，引起他们想听下文的欲望，接着在主题部分加以详细的说明和阐述。这是一种提纲挈领式的手法，立即进入正题，不迂回，不啰唆，不要任何多余的语言。

## 运用寒暄将对方带进话题空间

在日常交际中，我们要善于用寒暄将对方带进话题空间。然而，大多数人在沟通时都喜欢谈论那些无关紧要的事情，比如“今天天气不错”“早上你吃了什么”，这样的寒暄是正常的，同时也是适合的，但难道紧接着你会花上半天的时间来谈论今天的天气或早餐吗？当然不是，通常的人际交往定会有一定的交际目的：增加感情或达成一定的共同协议。这样的交际也定会有一个话题，围绕这个话题，我们才能顺利地达到自己的交际目的。因此，在一开始的寒暄中，我们就要善于将对方带进话题空间，让对方可以围绕这个话题尽可能地多聊他自己，这样我们才有机会突破其心理防线。

一位漂亮的女士在首饰店的柜台前看了很久。售货员问了一句：“这位女士，您需要买什么？”“随便看看。”女士的回答明显缺乏足够的热情。不过，售货员发现这位女士总是有意或无意地触摸自己的上衣，好像对自己的上衣很是满意，售货员忍不住说：“您这件上衣好漂亮呀！你的眼光真不错。”

一下子就将话题拉到了对方身上。果然，“啊？”女士的视线从陈列品上移开了，移到了自己感兴趣的上衣上，“这种上衣的款式很少见，是在隔壁的百货大楼买的吗？”售货员满脸热情，笑呵呵地继续问道。

“当然不是，这是从国外买来的。”女士终于开口了，并对自己的回答颇为得意。“原来是这样，我说在国内从来没有看到这样的上衣呢。说真的，您穿这件上衣，确实很吸引人。”“您过奖了。”女士有些不好意思了。“只是……对了，可能您已经想到了这一点，要是再配一条合适的项链，效果可能就更好了。”聪明的售货员顺势切入了主题。“是呀，我也这么想，只是项链这种昂贵商品，怕自己选得不合适……”

在案例中，首饰店自然是卖首饰的，而首饰自然是作为服饰搭配的。在整个与客户交流的过程中，导购很细心地去观察对方，而且，巧妙地将话题引入寒暄之中，比如“这位女士，您需要买点什么”，当顾客爱理不理地回应“随便看看”后，导购并没有泄气，而是适时说了一句寒暄语：“您这件上衣好漂亮呀！你的眼光真不错。”显而易见，称赞对方的上衣，肯定是希望对方能挑选一件首饰作为服饰的搭配。这样的寒暄恰到好处地将对方引进了话题中，当然，最后这位导购达到了自己的目的。

1.找准契合话题的寒暄语

在日常交际中，我们要想将对方带进话题空间，就需要找准契合话题的寒暄语。比如，我们想说的话题是产品的特点，那我们的寒暄一定要围绕这个话题展开，而不是漫无边际地去聊天气、聊各自的兴趣爱好。只要我们找准契合话题的寒暄语，对方定会围绕这个展开话题，适时双方就可以围绕这个话题达成一个协议。

2.寒暄的话题最好是围绕对方展开

在日常交际中，经常会出现这样的情况：人们对于谈论他人的话题，总显得心不在焉，不是摆弄手机，就是四处张望。但是，一旦话题转到了自己的身上，其内心就激起了一种谈话的欲望。毕竟，每个人都希望自己被重视。那么，在交谈中如何打动对方？最好的方法当然是让寒暄的话题围绕对方展开。打开了对方的话匣子，还愁打不开对方的心扉吗？

3.不要总是谈论自己

在生活中，大多数人在寒暄时都喜欢谈论自己，从嘴里不断地蹦出“我今天……”“我觉得……”“我买了……”，这种沟通只会让对方变得沉默，甚至哑口无言，难道对方真的只是个“西瓜”吗？其实，最有效的沟通就是让对方尽可能地多聊他自己，这样大家都欢喜，他满足了想表达的欲望，你则以自己的“善解人意”打动了对方。

在沟通过程中，我们通常都会犯一个严重的错误，那就是不给对方聊自己的机会，事实上，让话题围绕对方展开，双方才会“有得聊”，而你也才能打动对方。对此，我们要明白，聊天并不是个人演讲，不要总是谈论自己而忽略身边的谈话朋友，总是谈论自己的话题只会让别人更加厌烦你。

## 到位的称呼让寒暄变得更为自然

称呼，是人与人在交往中一方对另一方的称谓。虽然，在平日的生活中，我们并没有过多地重视称呼的变化，但实际上，善于称呼才能为你赢得好感。在日常交际中，称呼是一种很友善的问候，也是人与人之间交往的开始。中国自古就是一个文明的国家，逐渐形成了一种文明规范的礼貌称呼，当然，也有在朋友之间的昵称或者绰号。因而，在某些时候，怎么称呼别人，成了一件很讲究的事情。如果你称呼恰当，会让对方感到很亲切，也能够帮助你在人际交往中如鱼得水，事半功倍，给对方留下一个良好的印象。相反，如果你称呼不恰当，往往会惹得对方不快，甚至产生恼怒情绪，这样也会使双方的交流陷入尴尬的境地，导致交流失败。

“伟明，我们班明天上午第一节课需要教导处安排一下，谢谢你了！”

“海大哥，明天我试教，麻烦你来听一下，多提宝贵意见噢。”

“阿坤，我们班的阳光指数好像有些出入，我想和你讨论一下。”

“萍大小姐，今天下午1点，少儿频道来采访你们班的‘道德银行’，你准备一下。”

这些天来，大家不断地在办公室听到这样的称呼。被称为萍大小姐的方萍老师笑言：“刚开始时还觉得不习惯，可后来发现这样的称呼挺有意思的，比以前的直呼其名亲切多了，我们在这种轻松的氛围中愉快地工作，连工作效率也提高了不少。”

在小学教育集团的校园里，出现了这样的现象，不论是打招呼，或者是公务往来，许多老师之间不再直呼其名，取而代之的是更显亲切的别样称呼。这种变化是从新校长来了之后开始的，当校长亲切地称呼老师的时候，让老师们感觉好像一家人一样。老师们做起事情来也更显主动，增强了集体荣誉感，融洽了领导和下属、同事与同事之间的关系。

俗话说：一滴水里见太阳。当你置身于一个校园，听到下属与上司之间彼此的称谓，就可以知道这所学校的文化及员工之间的关系大概如何了。从直呼其名到别样称呼，看似不经意的改变，却让置身其中的人感到无比亲切，提高了工作效率，增强了集体荣誉感，也融洽了上司与下属、同事与同事之间的关系。

如何称呼他人，看似很简单，却是一门不简单的学问。有的人习惯以“请问是某某吗”或者客气地说“某某，您好”直呼其名，一下子就拉开了彼此之间的距离，而且直呼其名也显得很不尊重。这时候，我们不妨以别样称呼来代替直呼其名，如此恰到好处的称呼会让我们的寒暄听起来更贴切自然，而所产生的交际效果也是意想不到的。

1.不可直呼其名

一直以来，西方主要以直呼其名为称呼的方式，但对于一直主张文明礼仪的中国，这样的称呼方式并不恰当。也许，有的人觉得，只要不是自己的父母长辈，以直呼其名来称呼他人就可以了，这样也给自己省了不少麻烦。殊不知，即便是不怎么熟悉的同事，如果你以直呼其名的方式来称呼他人，只会让对方产生不受尊重的感觉。所以，对于绝大多数人来说，他们都会在正式的拜访场合或者日常的交际场所舍弃直呼其名而选取别样的称呼，这样反而会给对方一种特别的亲切感。

2.什么是到位的称呼

有人会感到不解，什么是到位的称呼？顾名思义，也就是适宜的称呼。

这样的称呼首先必须是恰当的，还必须以亲切感为原则。相较于我们日常生活中稍微正式一点的“某某先生”“某某小姐”，别样称呼不仅体现了尊重的意味，还有别于“先生”“小姐”带来的生疏感，能以一种别样的亲昵缩短双方之间的距离。所以，舍弃直呼其名的称呼方式，选取别样的称呼，会让你在复杂的人际交往中应对自如。

3.带点亲昵的称呼

以中国人传统的礼仪，许多人觉得“长幼有序”，而彼此熟悉的同辈之间就可以“直呼其名”，虽然这样的称呼也是无可厚非的，但少了一份亲昵。所以，要想在人际交往中建立融洽的人际关系，就不应该直呼其名，而是选择带点亲昵的称呼，这样能在无形之中拉近彼此的距离，增加亲切感，同时也让寒暄变得更加自然。

## 寒暄中了解对方的兴趣方向

著名口才大师卡耐基说：“即使你喜欢吃香蕉、三明治，你也不能用这些东西去钓鱼，因为鱼并不喜欢它们。你想钓到鱼，必须下鱼饵才行。”简单地说，当我们在与对方进行语言交流的时候，需要“忘记”自己的兴趣与爱好，用对方的兴趣爱好来展开话题，这样会使彼此之间的沟通更加顺畅。当然，前提条件是我们必须了解对方的兴趣方向，这样才能达到既定的目的。在寒暄中，我们要善于通过提问去了解对方的兴趣方向，继而在话题中谈论对方的兴趣与爱好，这样就会让对方感受被重视、被尊重，从而赢得对方的好感与信任。

小娜是一位节油制汽车推销员，这天，她约见了一位客户，一开口她就礼貌地询问：“先生，请教你一个所熟悉的问题，增加贵店利润的三大原则是什么？”客户好像很乐意回答这样的问题，他回答：“第一，降低进价；第二，提高售价；第三，减少开销。”小娜立即抓住话题说下去：“你说的句句是真言。特别是开销，那是无形中的损失。比如汽油费，一天节约20元，你

想过多少吗？如果贵店有3辆车，一天节省60元，一个月就有1800元。发展下去，10年可省21万元。如果能够节约而不节约，岂不等于把百元钞票一张张撕掉？如果把这一笔钱放在银行，以5分利计算，一年的利息就有1万多元，不知您高见如何，觉得有没有节油的必要呢？”听了小娜的分析，客户觉得自己应该改变这种恶劣情况，最终购买了节油制汽车。

小娜先是通过寒暄了解到客户的心理要求，然后说出一些符合客户心理特点的话语：既然汽车可以节油，为什么还要继续“浪费”下去呢？于是，他就会想方设法用节油车来改变之前“浪费”的恶劣情况，从而不得不购买节油制汽车。

阿美是一家房地产公司总裁的公关助理，奉命聘请一位特别著名的园林设计师为本公司的一个大型园林项目担任设计顾问。但这位设计师已退休在家多年，且此人性情清高孤傲，一般人很难请得动他。

这天，她来到老设计师家中，刚开始，老设计师对她态度很冷淡，阿美就装作不经意地发现老设计师的画案上放着一幅刚画完的国画，便边欣赏边赞叹道：“老先生的这幅丹青，景象新奇，意境宏深，真是好画啊！”阿美的一番话立即使老先生产生了一种愉悦感和自豪感。

阿美接着说：“老先生，您是学清代山水名家石涛的风格吧？”这样，就进一步激发了老设计师的谈话兴趣。果然，他的态度转变了，话也多了起来。接着，阿美对所谈话题着意挖掘，环环相扣，使两人的感情越来越近。最后，阿美说服了老设计师出任其公司的设计顾问。

通常情况下，在正式沟通之前，我们对他人的爱好方向是一概不知的。但同时，我们需要在交流中赢得对方的好感，而最有效的办法就是通过寒暄了解对方的兴趣爱好。比如，“你觉得这件东西怎么样？”如果对方适时回答了这个问题，我们通过这个问题，不就知道了对方的兴趣所在了？

1.找到对方的兴趣点

每个人都有自己的兴趣爱好，因此，在寒暄过程中，我们要想办法找到对方的兴趣点。可以在与对方交谈之前做好准备工作，打听对方有什么兴趣爱好；也可以通过自己的观察或提问来获知对方感兴趣的事情。

2.话题先从对方的兴趣说起

在寒暄过程中，为了获得更多有关对方的信息，也为了满足其自尊心，我们需要让对方尽可能地多说话。所以，话题要先从对方的兴趣说起，这样顺势展开的话题有利于整个沟通的顺利进行。

人类本质里最深层的驱动力就是希望具有重要性，而且，一个人的兴趣与爱好是其人生中最看重的一部分，每个人都希望自己的兴趣与爱好能够得到别人的认同与肯定。一旦我们在寒暄中了解到对方的兴趣爱好，然后在谈话中巧妙地说到这个点子上，那对方就会转变之前的冷淡态度，开始滔滔不绝起来。

## 有尺有度，寒暄的话也要说得有分寸

游走在社交场合的我们虽然名片越来越多，但真正无话不谈的朋友很少，似乎大多数朋友都是场面上的朋友。与人见面，无非就是“您好”“再见”，除此之外，似乎再也没有什么话可说了。对于交际场合中的朋友，即使打了招呼说了“您好”，也需要巧妙寒暄几句才能说“再见”。许多社交高手擅长说场面话，几句寒暄下来，就拉近了与他人的心理距离。等到下一次见面的时候，那些寒暄几句的朋友已经成了他们很好的朋友。在生活中，客套的“寒暄语”是不可或缺的，它就犹如黏合剂，拉近了人与人之间的心灵距离。一旦缺少了适时的寒暄语，就会使整个交谈显得尴尬窘迫，甚至令交谈双方不知道下句话该说些什么。特别是对于那种还比较陌生的朋友，适时的寒暄语更不可缺少。当然，寒暄语并不是想说就说，而是要说得有尺有度，否则，就会令人生厌。

2011年就快到了，公司为了庆祝新年的到来，特地举办了一场鸡尾酒会。销售部最年轻的经理小王也参加了，跟不同的客户寒暄了几句后，小王就躲进了角落里喝橙汁，他不太擅长说场面话，所以，自己躲起来落个清静。没想到，一个商人模样的老外却走过来打招呼，小王赶紧放下冰橙汁，与他握手。那位老外笑着说：“为什么你的手冷冰冰的呀？”小王忙着解释，朝那杯冰

橙汁乱指，老外马上摇头："不不不，你只需要说'但我的心是热的'就行了。"小王窘迫地笑了。

也许，老外并不关心小王的手为什么是冰冷的，而小王也没有必要解释为什么自己的手是冰冷的。当两个陌生人见面了，他们所需要的只不过是寒暄几句"场面话"，这样才能打动对方。一般情况下，那些让人开心的寒暄话，定会给对方留下深刻印象，无形之中拉近彼此的心理距离。

几位同事正在办公室里讨论工作中出现的问题，这时经理身边的"红人"小李走过来了，她笑着安排了工作，并针对同事提出的问题作了一一解答。同事张丽笑着说："小李，你太聪明了，你的智商真高，怪不得坐到了助理这样的位置，羡慕啊！"听了这番"寒暄语"，小李有点不高兴，笑容僵在脸上。旁边的小杨赶忙说："经理一直在我们面前夸你头脑灵活，今天一见，果真名不虚传啊！"小杨的场面话为小李解了围。其实，平时小杨与小李的关系挺疏远的，但从这一次之后，小李每次见到小杨都会亲切打招呼，两人渐渐成了无话不谈的朋友。

在这个案例中，张丽的寒暄语是不够得体的，超越了尺度，自然令他人生厌；而小杨适时说出的寒暄话，缓解了当时的尴尬，难怪她后来跟小李成了好朋友。其实，不管是哪一种类型的寒暄，都需要掌握好分寸，恰到好处。从交际心理学角度来看，恰当的寒暄可以使双方产生一种认同心理，使一方被另一方的感情同化，体现了人们在交际中的亲和要求。而在融洽的气氛的推动下，这种亲和需求逐渐升华，最后令人们顺利达到交际的目的。

那么，什么样的寒暄语才是有尺有度的呢？

1.自然切题

寒暄的话题是广泛的，比如天气冷暖、身体健康、风土人情、新闻大事等。不过，我们需要讲究寒暄时的具体话题，话题的切入要自然。比如，当导游与游客见面的时候，最容易切入的话题就是游客生活当地的风物情况，这是游客最感兴趣的话题，同时也是导游的一种职业兴趣。

2.调节气氛

有了自然而得体的话题，双方之间就产生了认同感，再加上寒暄的诚恳、热情，以及双方表现出对寒暄内容的兴致勃勃，那和谐的交际气氛自然就创造出来了，这样就为下一步的沟通作好了准备，打好了基础。

3.真诚的赞美

有时候，我们需要当面称赞对方，比如，称赞对方工作能力强，称赞对方教子有方。诸如此类的寒暄语，有的可能是实情，有的可能与事实有一段差距，听起来虽然有点别扭，但只要不太离谱，对方听了都会感到高兴，比如“这衣服穿在你身上再合适不过了”，短短一句话比一段话更能打动对方。

4.寒暄语需要越精越好

寒暄语是人们在应对各种关系时使用的语言，这是日常交际的需要，但并不意味着你的话说得越多越好，而是越精越好。当你在洞悉了对方心理之后，只需要说出一句话就能有效地影响其心理，比如，“什么时候一起喝茶吧”“你最近忙吗……我想请你喝茶”，前者比较真诚，后者则因话太多而显得虚伪。

5.随声附和

许多人往往希望自己的成就得到肯定与赞赏，因此，我们可以在交流时加入一些简单的语言，比如“对的”“你说得对”等，以肯定对方的成就，这样会缩短彼此之间的心理距离。

## 寒暄中的禁忌不要触犯

寒暄，是我们天天都在做的事情，但善于寒暄，能准确、清楚地表达自己的意图，使对方乐意接受，却不是一件容易的事情。心理学家理查得·班得勒曾说过，当你对他人说话时，你不是想给他传递信息，就是想改变他。但在这个过程中，对方是否会接受你的意思，你的沟通目的是否能够实现，又是另外一回事了。其中的症结点在于你是否说了禁忌的语言，或者是否把话题置于危险的境地，这将直接导致沟通的成与败。生活中，许多人在寒暄时不经大脑思考，只图自己嘴巴痛快，常常“语出惊人”，踏入“雷区”，

最后导致了整个沟通的失败。实际上，善于寒暄并不是一件简单的事情，这意味着你所说的话被对方乐意接受，而且你需要避开寒暄中的禁忌。否则，你的寒暄将宣告失败。

清朝时，一位新上任的县令，初次去拜见上司，想不出该说什么话。沉默了一会儿，忽然问道："大人尊姓？"这位上司看上去很吃惊，勉强说了姓某。县令低头想了很久，说："大人的姓，百家姓中所没有。"上司脸色惊异，说："我是旗人，贵县不知道吗？"县令又站起来，说："大人在哪一旗？"上司说："正红旗。"县令说："正黄旗最好，大人怎么不在正黄旗呢？"上司勃然大怒，问："贵县是哪一省的人？"县令说："广西。"上司说："广东最好，你为什么不在广东？"县令吃了一惊，这才发现上司满脸怒气，赶快走了出去。不久，这位县令便被借故免职了。

在这个案例中，正是这位县令屡屡触犯寒暄禁忌，口无遮拦，才会引得上司发脾气，自己也被免职了。其实，从一开始，面对县令所问"大人尊姓"，上司就显得很不高兴了，勉强说出了自己的姓氏。可那县令不懂察言观色，一个劲儿地说下去，终于触碰了上司的底线，导致自己最终被罢免了，这就是触碰寒暄禁忌所带来的严重后果。

古代有一个国王，一天晚上做了个梦，梦见满嘴的牙都掉了。醒后，他就找了两个解梦的人来问个究竟。这两人来后，国王就说："满口牙怎么全掉了，到底是怎么一说？"第一个解梦的人就说："皇上，在你所有的亲属都死去以后，你才能死，一个都不剩。"这个梦给解出来了，这是第一个解梦人说的。这皇上一听，心里非常不高兴。第二个解梦人这样说："至高无上的皇上，您将是您所有亲属当中最长寿的一位呀！"大家看一看，同样的内容，同样的事情，两个人就有两种不同的说法。第一个解梦人把皇帝说生气了，皇帝龙颜大怒，杖他一百棍；然后，拿出一百个金币，奖给第二个解梦的人。

上面这个案例中，同样的一件事情，两人表达的同一个意思，为什么一个挨打，一个却受赏呢？分析他们所说的内容，我们就能够明白了。在沟通过程中，往往会因为一两个"危险词语"而使整个话题都处于危险的境地。第一个解梦的人话里出现了"死"这样的危险字眼，而且不止出现一次；第二个解梦的人却从另一个角度巧妙地解释为“长寿”。正是由于两人话里的字眼不同，最终两人的“待遇”也千差万别。

在日常交际中，有一些话题是寒暄的“雷区”，稍有不慎就会引起“爆炸”，所以，我们在寒暄时应该尽可能地避开这些危险区，避开一些敏感、危险的禁忌词汇，这样才能促使沟通顺利进行。

1.避开隐私

隐私就是不可公开或不必公开的某些事情，有可能是缺陷，有可能是秘密。因此，我们在进行语言交流的过程中，需要避开彼此的隐私，这既是一种礼貌，同时，也可以很好地保护话语的“安全性”。

2.切勿不懂装懂

我们并不是万能博士或者百事通，即使自己知识渊博，也总有一些地方不如人，总有一些不懂的知识。因此，无论是面对有教养有知识的人，还是面对一个文化程度不高的人，我们都应该谦虚谨慎，不可妄发言论。

3.避开忌讳

在谈话过程中，我们需要避开一些忌讳，比如关于“死”的避讳语，“棺材”“寿材”等；对方的生理缺陷，比如“残疾人”；一些不可公开的事物行为，比如“大小便”等，这些避讳词语都是需要避开的。

4.避开粗口秽语

在交流过程中，我们需要避开粗口秽语，使用文明的语言。言语粗鄙是最无礼的语言，而且，有可能会给自己带来一些不必要的麻烦。

# 第3章 主动了解对方，利用外围关系包围主要关系

在日常交际中，我们要学会主动了解对方，通过倾听、交谈，了解对方的兴趣爱好；通过观察，发现对方的真性情。只要我们善于捕捉这些在交流中不小心透露出来的信息，就可以判断对方的真实心理，从而占据主动位置。

## 善于倾听，把控沟通的主方向

在沟通过程中，占据主动位置的一定是会说的人吗？不一定是，有时候，能够把控沟通的主方向的人往往是一些善于倾听的人。卡耐基说：“对和你谈话的那个人来说，他的需要和他自己的事业永远比你的事重要得多。在他的生活中，他要是牙痛，要比发生天灾、数百万人伤亡的事情还重大；他对自己头上小疮的在意，要比对一起大地震的关注还要多。”因此，我们必须学会善于利用我们的耳朵，做一个善于倾听的人，并牢牢地抓住沟通的主动权。

在西方国家流行着一句谚语：“倾听是最高明的恭维。”对于那些混迹于各种交际场合的口才家而言，倾听与说话一样重要，甚至，在某些时候，倾听比说话更重要。当他在倾听的时候，他可以收集对方更多的信息，而当他在说的时候，则可以依据之前所听到的信息进行整合，从而说出更有水平的话。生活中，我们经常会遇到这样的事情：一个遭遇烦恼的朋友找我们倾诉，我们只需要认真听他讲话，当他讲完了，心情就会平静很多，甚至不需要我们做任何事情来帮助其恢复平静。

有一次，乔·吉拉德拜访了一个有趣的客户，一开始，客户就喋喋不休地谈论自己的儿子，他十分自豪地说：“我的儿子要当医生了。”乔·吉拉德惊叹道：“是吗？那太棒了！”客户继续说：“我的孩子很聪明吧，在他还是婴儿的时候，我就发现他相当聪明。”乔·吉拉德点点头，回应道：“我想，他的成绩非常不错。”客户回答说：“当然，他是他们班上最棒的。”乔·吉拉德笑了，问道：“那他高中毕业打算干什么呢？”客户回答：“他在密歇根大学学医，这孩子，我最喜欢他了……”话匣子一打开，客户就聊起了儿子在小时候、中学、大学的趣事。

第二天，当乔·吉拉德再次打电话给那位客户时，客户表示已经决定在他手中买车，而客户的原因很简单，他说："当我提起我的儿子吉米有多令人骄傲的时候，他是多么认真地听。"

或许，有人错误地理解多说话才能把握沟通的主动权，其实，多说话会给我们带来很多负面影响：多说有可能会使他人对你产生戒心，认为你有某种企图；说得太多了，他人会对你敬而远之，因为他没有义务当你的"倾诉桶"；况且，话说得多了，难免会出错；有时候，说得太多，暴露的信息太多，就会被别人看穿。所以，做一个懂得倾听的人，并将这样的美德沿袭在自己身上，你会赢得比别人更多的机会，获取更多的信息，把握沟通的主动权，能够更加有效地打动人心。

1.倾听，使你受益无穷

布里德奇说："学会了如何倾听，你甚至能从谈吐笨拙的人那里得到收益。"倾听并不是没有任何意义的随声附和，一个优秀的倾听者可以从说话者那里获取大量的信息，赢得对方的喜欢，达到打动人心的目的。

2.倾听也是需要技巧的

倾听也是有技巧的，除了听之外，还需要适时地重复对方话语中的关键字眼。当然，倾听比说话更需要毅力和耐心，假如你只是埋头玩自己的手机，或者把头瞥向一边，这样无疑会打击说话者的积极性。

3.倾听是沟通的前提

只有听懂了别人表达的意思的人才能沟通得更好。倾听是说话的前提，先听懂别人的意思，再表达出自己的想法和观点，才能更有效地沟通。同时，听懂了别人的意思，我们才有机会掌握沟通的主动权，如此，才更容易打动人心，达到办事成功的目的。

## 交谈中了解对方的兴趣爱好

在日常交际中，人与人之间少不了沟通，而沟通中的话题则是必不可少的。大量事实表明，一个人喜欢什么就会谈论什么样的话题；反过来，一个人所谈论的话题中定有其感兴趣的东西。卡耐基曾说："即使你喜欢吃香蕉、三明治，你也不能用这些东西去钓鱼，因为鱼并不喜欢它们。你想钓鱼，必须下鱼饵才行。"换句话说，每个人都有自己的兴趣点，有的人喜欢旅行，有的人喜欢漂亮的衣服，有的人喜欢绘画，而无一例外的，他们这样的兴趣点都将隐藏在话题里，等待你去发掘。如果你能从细微处发现对方的兴趣点，以对方所感兴趣的话题入手，那么，你已经成功地识破对方的真实心理了。

在生活中，我们都有这样的经历，对于自己感兴趣的、比较擅长的话题，总是愿意去谈论。而这正是每一个人的心理状况：相比较一些生疏而无趣的话题，人们更喜欢谈论自己感兴趣的。在正式沟通中，如果对方总是谈到一件事，则证明这件事本身对他很重要，或者，他的兴趣爱好就是此件事。

在沟通过程中，对方所谈论的主题可以透露对方的兴趣点。毕竟，一个人喜欢什么，他就愿意谈论什么，对自己不是很感兴趣的，他是不会侃侃而谈的。如果对方谈论的是小说，那么，他所喜欢的肯定不是历史；如果对方谈论的是车子，那么，他所喜欢的肯定不是火车。所以，在日常沟通中，我们要善于从交谈中"听"出对方的兴趣爱好，并适时把话说到对方心坎上，这样才可以轻松赢得人心，从而顺利地赢得沟通的主动权。

1.说得越多，对方越在意

当一个人对一个话题侃侃而谈，而且越说越兴奋的时候，我们不能判断对方对这个话题中的某些东西是不喜欢的。正是因为喜欢，他才会不断地重复一些话，才会投入自己百分之百的热情。因此，在沟通过程中，我们要善于观察和倾听，对于某件事情，对方说得越多，越表明这个话题中恰恰包括了对方所感兴趣的事情。

2.试探性提问

若我们不知道对方感兴趣的东西是什么，这时我们可以通过试探性提问，去发掘对方的兴趣点，这样对整个沟通也是很有帮助的。假如我们既不知道对方感兴趣的东西是什么，也不愿意通过试探性的提问去挖掘，那最后我们将在此次沟通中一无所获。

3.沟通前做足工夫

在沟通过程中，要想准确地了解对方的兴趣爱好，不仅需要在交谈时进行仔细观察，还需要在沟通之前做足工夫。比如，我们所要拜访的是一位美术老师，那可以确定的是他所感兴趣的一定是美术，绝不会是其他什么东西，即便美术不是他的爱好，他是因为生存需要才选择了进入美术这个领域，但对他而言，美术也是他最熟悉的东西。只要我们提前准备一些谈话的资料，就可以在交谈过程中准确地知道他所感兴趣的东西了。

## 观察小动作了解对方真性情

现代心理学的研究证明：一个人不经意间表现出来的小动作能够反映出他的真实性情，或者对别人所保持的态度以及意见。在日常工作中，我们会发现，几乎每个人都有其特别的小动作，而这些不经意间表现出来的小动作恰好能直接反映其真实性情。心理学家认为，每一个人的小动作都隐藏着其内心的真实想法。很多时候，一个人的肢体语言和他们内心想要说的话并不一样，这就是所谓的小动作。比如，在开会时，对方看起来在很认真地听，而在桌子的下面，他的手指却在不停地反复敲击着。这样的小动作表示这个人实际上与他的表面是相反的，他一点也没有将心思放在开会上，心不知道飞到哪里去了。因此，在生活中，如果我们能仔细观察他人的小动作，我们就可以看出其真实的性情。

小白是一个话很多的人，经常逮着机会就与同事大侃起来，也不管对方愿不愿意听。对此，坐在他旁边的小李可就遭殃了，每次小白都会转过身来，兴致勃勃地说些自己碰到的趣事，小李虽说表面不好拒绝，但他总是不安地用笔杆敲打桌面，以此表达自己的意思。小白却是一个马大哈，他不明白小李为什么喜欢敲桌子，不过，他什么也不想，还是自顾自地说话。

有一次，小白碰到了学心理学的朋友。在聊到小动作的时候，小白突然想到了小李，他问道："当一个人总是用笔杆敲打桌面的时候，他心里在想

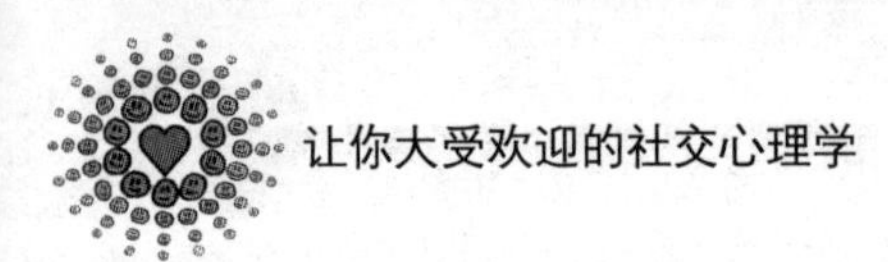


些什么呢？”朋友回答说：“这样的小动作，大多表示他对你所讲的话已经感到厌烦了。”“啊？”小白恍然大悟，后来，在办公室里，他收敛了自己的个性，不再经常缠着小李说话了。

小白通过向学心理学的朋友询问，发现同事的小动作是想告诉自己：我对你所讲的话并不感兴趣。在我们身边，每个人都有几个常见的小动作，我们可以通过观察对方的一些小动作来发现他们对自己的态度。另外，通过一些心理实验表明，如果你与一个你很讨厌的人在一起，只会出现两种相对的反应：一是太随便，根本不在乎对方的想法；二是太拘谨，看起来无所适从，甚至，不知道该把手放在哪里。

每个人都有心情不好的时候，特别是当“罪魁祸首”是别人时，他会表现得尤为突出，从而表现出烦躁不安。这些情绪除了通过面部表情及口头语言表现出来以外，还会通过一些小动作显现出来。下面我们就介绍几种人们常见的小动作。

1.喜欢用嘴咬住一些物品的人

我们经常发现有的人喜欢用嘴咬眼镜腿、铅笔或者其他一些物品。这一类型的人喜欢我行我素，不喜欢受人管制。他们做出这样的动作，是想掩饰自己恶劣的情绪，不想让别人知道。在这种情况下，你千万不要上前搭话，以免加重其恶劣的情绪。但有时候，这样的小动作也无法克制他内心的不满情绪，他们的情绪有可能会进一步恶化，有可能在突然之间爆发出来。

2.习惯用手拢头发的人

有的人喜欢用指尖拢头发、轻搔面部，或是把食指放在嘴唇上。这一类人性格比较开朗、乐观，虽然在面对生活或工作中的困难时也会出现失望、沮丧的心情，但是他们能在最短时间内调整好自己的心态，坦然面对一切，并致力于寻找解决问题的办法。

如果有人在你面前做出这样的小动作，那就表明他对你的谈话没有多大的兴趣，显得有点左顾右盼，漫不经心。他们或许正在思考自己的问题，并且认为你是在打扰他，但他们会碍于情面而不表露出来。

3.喜欢两手互相摩擦的人

有的人习惯两手不停地摩擦。这一类型的人对自己充满了信心，喜欢挑

战自我，并且在成功的路上敢于承担一定的风险。一旦他们决定去做某件事情，就会一直坚持下去，而不会轻易改变主意和行动方向，所以，他们在某些时候显得比较固执。而他们出现这种情况的时候，通常是烦躁不安、心情郁闷的时候。

4.习惯用手抚摸下巴的人

有的人习惯于用手抚摸下巴或者抓着下巴。做出这样小动作的人大多比较世故圆滑，有较深的城府。他们这样不断地抚摸下巴只是想使自己镇静下来，克制自己内心的不满情绪，以免自己在冲动之下做出什么举动来，同时，他们也在思考下一步的对策。

5.喜欢咬牙切齿

有的人在烦躁不安的时候喜欢咬牙切齿，这一类型的人情绪变化无常，显得很不稳定。他们的心胸不是很宽广，喜欢意气用事，就连理智也无法把握感情。

## 让对方多说，获知更多信息

在日常沟通中，记住永远留给对方更多的说话时间，没人喜欢滔滔不绝的“话匣子”。社会心理研究发现，27%的沟通不成功都源于一方话多、另一方无语的尴尬局面。在生活中，那些通过交流成为朋友的，都在于他们第一次见面并不熟悉，一切从零开始，随后才开始熟络起来。现代社会，尤其是许多年轻人，为了让别人接受自己的观点和意见，总喜欢侃侃而谈，有的人甚至口若悬河，却不知这样无休止的谈话只会让别人心生厌恶。我们需要做的是让对方多说，给对方说话的机会，让自己成为听众，这样我们才能从其谈话中获知更多的信息。

一家小公司与一家大公司进行了一次贸易谈判。大公司的代表倚仗自己的实力，滔滔不绝地向对方介绍情况，而小公司的代表则一言不发，埋头记录。大公司的代表讲完后，征求对方代表的意见。小公司的代表好像突然睡醒一样，迷迷糊糊地回答说：“哦，讲完了？我们完全不明白，请允许我们回去研究一下。”于是，第一轮会谈结束。

几星期后，谈判重新开始，小公司的代表声称自己的技术人员没有搞懂对方的讲解。大公司代表没有办法，只好再次给他们介绍了一遍。谁知，讲完后小公司代表的态度仍不明朗，要求道：“我们还是没有完全明白，请允许我们回去再研究一下。”就这样，结束了第二次会谈。

过了几天后，第三次会谈上，小公司的代表还是一言不发，在谈判桌上故伎重演。唯一不同的是，这次，他们告诉公司，一旦有讨论结果立即通知对方。过了一段时间，大公司觉得这次合作已经没戏的时候，小公司的代表找上门来开始谈判，并且拿出了最后的方案，以迅雷不及掩耳之势逼迫大公司，使对手措手不及。最后，双方达成了这一项明显有利于小公司的协议。

一家小小的公司居然能够打败大公司，在谈判中获得了成功，关键在于小公司懂得让对方多说。在说话时机尚未成熟的时候，他们一直不说话，使对方摸不着头脑，盲目骄傲自大，同时也为自己赢得了时间去研究对手的方案，给了大公司措手不及的一击。有时候，一言不发比多说话更有效，它能达到滔滔不绝完全达不到的效果。

1.对方说得越多，所暴露的信息就越多

著名作家大仲马说过：“不管一个人说得多好，你要记住，当他说得太多的时候，终究会说出蠢话来。”我们每个人都应牢牢记住这句至理名言，要善于制造机会让对方多说，我们只需要从其言语中挖掘一些有价值的信息就行了。

2.善于从对方的言语中挖掘有价值的信息

当对方在说的时候，我们要善于倾听，并从其所透露的言语中挖掘出有价值的信息。通常情况下，当一个人侃侃而谈的时候，其言语背后是隐藏着许多秘密的，也就是说，其言语中隐藏着一些有价值的信息。

# 悉心洞察，识破对方话语虚实

一般来说，说谎者都很善于掩饰自己，每一个说谎者都希望自己能够成功地欺骗他人，自己能够享受那种喜悦的心情。其实，只要你细心地观察，就会从对方的言行举止中发现谎言的秘密，识破对方话语的虚实。因为，即便是最高明的说谎者，他也会出现“百密而有一疏”的情况。通常情况下，说谎者不外乎把自己的谎言掩藏在言行举止中，只要掌握一些辨别谎言的技巧，我们就能清楚地判断出对方是否在说谎。在日常沟通中，对方往往将自己的真实内心包裹起来，而呈现在我们面前的是一张虚假的面具，甚至，即使他满嘴谎言，如果我们不仔细观察，也很难察觉。

那么，说谎者经常使用的掩饰方式有哪些呢？下面我们就简单地介绍几种说谎者常用的方式，以此帮助大家洞悉对方话语的虚实。

1.撒谎的人喜欢触摸自己

心理学家发现，那些说谎者在撒谎时会下意识地抚摸自己身体的某些部分。说谎者在撒谎时越想掩饰自己的内心，越会因为这些细微的动作而暴露自己。当我们对那些说谎者进行仔细观察之后，就会发现，他们在撒谎时会借助一些身体语言，比如，触摸自己或身上的衣物，掩口、摸鼻子，或者不断地拉扯自己的衣角等。

掩口：说谎者为什么想捂住自己的嘴巴呢？其实，这是由于说谎者的潜意识使他不想说那些骗人的话而导致的下意识动作，如此细微的举动可谓是“欲盖弥彰”。另外，当我们在谈论某些事情的时候，对方却捂住了嘴巴，这表示他对你所说的并不感兴趣，只是不愿意当面表现出来而已。

摸鼻子：有的说谎者在撒谎时会摸自己的鼻子，有可能他们本来是想捂住自己的嘴巴，但觉得这样的举止不太合适，于是在鼻子上摸几下，以此来掩饰自己捂嘴的动作，其目的就是掩饰自己在撒谎。不过，并不是所有摸鼻子的人都在撒谎，一般而言，说谎者触摸鼻子的时间很短，而且力度很轻。

拉扯自己的衣角：通常情况下，人们说谎会引起心理上的不平衡，如此，就会导致交感神经功能的微妙变化。在那一瞬间，他们会下意识地拉扯一

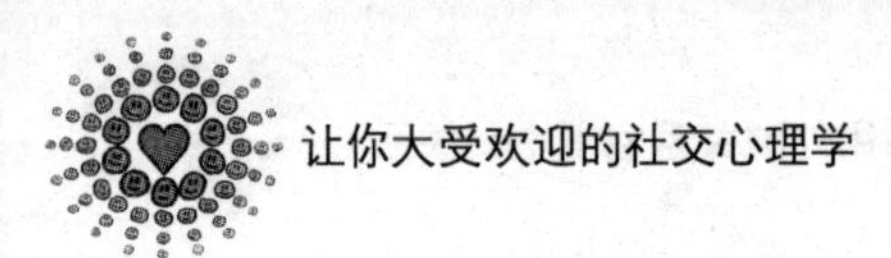


下自己的衣领或者衣角。这时候，如果你细心地观察，就会发现对方的情绪处于十分紧张的状态，随时都有可能会爆发。

2.虚假的笑容

心理学家杰弗里·考恩说："我们可以说出每块肌肉动了多少次，它们停留多长时间才变化的，对方的表现是真实的还是伪装的。"真正的微笑，来得快，但消失得慢，因为微笑时牵动了鼻子到嘴角的皱纹以及眼睛周围的笑纹。而说谎者一般都戴着虚伪的面具，因而，他们脸上所流露出来的笑容往往也是虚假的。在说谎的时候，那虚假的笑容就成了最好的伪装面具。如果我们的对手在撒谎，那么，我们可以通过对手的笑容来判断其心里的真实想法，因为说谎者脸上所挂的始终是虚假的笑容，他们的笑容没有办法牵动眼部的肌肉。

3.表情的闪现

一般情况下，每个人维持一个正常的表情会有几秒钟的时间，它所呈现在脸上的时间既不会太长也不会太短。而对于一个说谎者来说，在他们伪装的脸上，真实的感情只会停留极短的时间。而且，大部分说谎者会把自己伪装的面部表情维持或短或长的时间，一般而言，任何一种表情如果持续的时间超过了10秒钟或5秒钟，就可能是假的。有的人会极力掩饰自己的愤怒表情，他们尽量使自己的表情呈现出一种相对稳定的状态，比如面无表情；而有的人则恰好相反，他们会使自己伪装出来的表情长时间出现，比如，在整个谈判过程中都挂着虚假的笑容。

4.脸色发红

面部是人们最为直接的身体部位，也是最容易暴露的部分，它是人们传递情感信息的最重要的部分。有的人在说谎时脸色会发红，如果有人将他的谎言识破了，他会显得更加紧张，甚至会导致面部充血，使脸色皮肤呈红色。

当然，那些善于伪装的说谎者除了上面介绍的几种方式外，还有其他一些表现，比如，平时沉默寡言，突然变得口若悬河；在谈话过程中露出惊恐的表情却强作镇定；说话时闪烁其词，口误比较多；对你所怀疑的问题，过多地一味辩解，装出很诚实的样子；精神恍惚，不敢与你目光接触。在日常交际中，只要你能够细心地观察对手的言行举止，就很容易判断出对方话语的虚实。

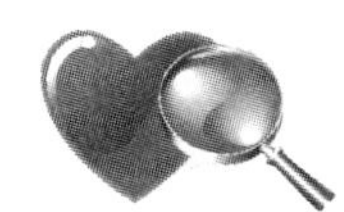

# 发现对方的“利用价值”

日常交际中，我们与对方的交流沟通，实际上就是一场心理的较量；而且，彼此都带着各自在意的重点，以此来达成共识。如何才能打动对方呢？这需要我们仔细观察，从对方言语中抓住对方潜在的“利用价值”，再以其在意的东西作为利诱，这样一来，对方肯定会心动，而不得不答应我们的请求。而且，我们以其在意的东西作为利诱，如此暗合对方心理的行为，会让对方感到很受尊重，在无形之中，也拉近了彼此的心理距离。有时候，对方潜在的“利用价值”往往是他的把柄之一，他可能会为了某些欲望而放弃之前所提出的条件，此时，我们趁虚而入，对方就会在交流中败下阵来。在这里，所谓的“利用价值”，也就是其最在意的东西，诸如头衔、利益等。

三国时期，邓芝受命出使东吴。他到了东吴，孙权对他很怀疑，因此不肯接见。过了两天，邓芝给孙权写了一封书信。孙权一看，只见书上写道：“臣今到此，非但为蜀，并且为吴。若大王不愿见臣，臣就走了。”孙权犹豫不定，一些大臣也都想刁难一下邓芝。后来，孙权采纳了张昭“先给邓芝个下马威”的意见，在殿前放一个沸腾的油鼎，命武士各执兵器，站立在两侧，召邓芝入见。

邓芝听孙权召见他，便从馆舍出来，毫无惧色，昂首走入大殿。邓芝进入殿内，就对孙权说：“我特为吴国利害而来，大王却设兵置鼎，以拒一儒生，可见大王度量太小。”孙权听后，觉得很惶愧，忙令人赐坐。邓芝问道：“大王欲与魏和呢，还是与蜀和呢？”孙权说：“孤非不欲和蜀，但恐蜀主年幼国小，不足敌魏。”邓芝侃侃道：“大王为当世英雄，诸葛亮亦一代豪杰。蜀有山险关隘，吴有三江，若互为唇齿，进可兼并天下，退可鼎足峙立。如大王甘心事魏，魏必然会征大王入朝，索王子做质子，一不从命，便起大兵讨伐，那时蜀国再顺江东下，臣恐大王两面受敌，江东之地不能复有了，请大王熟思!”为赢得孙权的信任，表示诚意，邓芝又说：“若大王以为愚言是不可取的谎言，吾愿立即死在大王面前，以杜绝说客之名。”说着，撩起衣服，就装作向油鼎跳去。孙权忙令人将邓芝拦住，请入后殿，以上宾之礼相待。

刚开始，孙权不愿意接见邓芝，邓芝就直言不讳地说："臣今到此，非但为蜀，并且为吴。"表示自己不仅为蜀国而来，也为吴国而来，似乎蜀国与吴国有着牵扯不清的关系。后来，在整个谈判过程中，邓芝详细地解释了："诸葛亮亦一代豪杰，蜀有山险关隘，吴有三江，若互为唇齿，进可兼并天下，退可鼎足峙立。如大王甘心事魏，魏必然会征大王入朝，索王子做质子，一不从命，便起大兵讨伐，那时蜀国再顺江东下，臣恐大王两面受敌，江东之地不能复有了，请大王熟思！"原来，蜀吴两国是互为唇齿，如果蜀国没了，那吴国的屏障也就失去了，这样一来，大家岂不是在同一条船上？最终，孙权明白了其中的利害关系，他被邓芝一番恳切的言辞打动了。

1.找到对方的利益所在点

在每个人身上，都有一定在意的关于利益的东西，有可能是金钱，有可能是名声，有可能是地位。因此，在沟通的过程中，我们要善于以对方在意的利益作为诱饵，以此达到打动对方的目的。

2.找到对方的兴趣所在

每个人都有自己的兴趣爱好，因此，在交流过程中，我们要想办法找到对方的兴趣点。我们可以在与对方交谈之前做好准备工作，打听对方有什么兴趣爱好；也可以通过自己的观察或提问来获知对方感兴趣的事情。

3.给对方一点甜头

有时候，不妨给对方一点甜头，这样对方也会从中获得一些恩惠。比如，"你过来我包你车费，还请你到处转转，咋样""只要你给我把这件事办好了，我就送你一个爱马仕包包""我前天在上海给你捎带了一条裙子，你看什么时候过来拿下"。

4.给对方一个响亮的头衔

响亮的头衔就相当于一碗迷魂汤，一点点地迷醉对方，让其在名声的诱惑中、心理的满足中答应我们的请求。俗话说："佛要金装，人要衣装。"头衔也有它的作用，而且作用还不小。头衔就犹如名字的装饰品，它华丽堂皇，令那些听闻它的人都心生羡慕、嫉妒，与此同时，也令当事人感到莫大的荣幸与骄傲。

# 第 4 章

# 架起沟通之桥，你来我往打开他人心门

在日常交际中，我们要善于在双方之间架起沟通之桥，你来我往，这样才能如期打开对方的心门。当然，在此之前，我们还需要了解如何敲开对方紧锁的心门，怎样去做才能打动对方。

## 用幽默创造氛围，感染他人

林语堂先生曾说：“幽默是一种人生态度。”在日常交际中，幽默的语言能使紧张的气氛顿时显得轻松活泼，能让对方感到真诚，如此的语言表达更容易感染对方，从而达到打动对方的目的。在生活中，幽默无处不在，更是人际交往的调节剂。对于我们来说，应该学会用幽默创造氛围，纵观古今名人，凡是成就大事者，无不具有幽默的细胞。著名文学家萧伯纳一句“你撞了我可以四海名扬”，使骑车撞了他的小伙子脱离尴尬境地；音乐大师莫扎特以顺藤摸瓜式的幽默让轻狂的学生低头信服；政治家俾斯麦以偷梁换柱的幽默道出了女人的通性。

张先生借用朋友的豪华别墅庭园办了一场Party，活动即将开始时，助理焦急自责地跑来跟他说：“苹果不知道什么时候掉了一袋，剩下的可能不太够用，这里又离市区那么远，怎么办？”张先生没斥责她，仅轻声地问：“有没有哪一种准备多一点的？”助理说：“小点心准备得很多，应该还会剩下。”张先生拍了拍助理的肩膀安慰她说：“没关系，有我呢！”宴会开始了，大家都看到苹果的盘子前放了一个小牌子，上面写着：“上帝正在看着你，请别拿太多了！”大家不禁莞尔一笑。走到后头又看到放小点心的盘子前也立了一个牌子，上面写着：“不要客气，要多少拿多少，上帝正忙着注意前面的苹果呢！”来宾们都笑弯了腰。结果这场Party宾主都无比尽兴。

张先生一句得体俏皮的话，立即缩短了与宾客之间的心理距离，并获得了宾客间的好感。很多时候，几句对付难题的机智回答，就能让我们摆脱困境，并体现美好的自我形象，获得对方的赞美。当然，所谓幽默的语言风格，

并不是说每一句话都需要幽默，也不是随便一句俏皮话都可以称为幽默。幽默的语言风格不仅需要风趣，更需要得体，符合场合，这样才能更好地表达出幽默的效果。

恩格斯曾经说：“幽默是表明人对自己事业具有信心并且表明自己占有优势的标志。”当然，幽默的语言风格是建立在拥有较高的思想境界和较高的涵养的基础上的，如果你是一个心胸狭窄、思想颓废的人，你是不会幽默的。幽默永远属于那些对生活充满热情的人，属于生活的强者。

当然，幽默这种特性并不是人天生就有的，而是通过后天的培养形成的。幽默所产生的力量是巨大的，它可以帮助我们以新的眼光来看待身边的人和事，帮助我们营造良好的氛围，达到感染他人的目的。

那么，如何在语言表达中增添幽默的元素呢？

1.曲解

有时候，我们可以故意曲解某件事情所包含的含义，给问题找到一个似是而非的解释，使结果和原因之间显得不那么相称，给人一种荒谬感，从而形成幽默感。

2.戏谑

在日常交际中，我们可以通过场景来发挥幽默的表达技巧。戏谑幽默是一种无攻击性的幽默技巧，即开一些有趣、有哲理的玩笑，目的就是增加你给对方的亲切感，以此来影响对方心理。

3.假设推理

在沟通过程中，我们可以利用对方不稳定的前提或自己假定的前提，来推理引申出某种歪曲的结论和判断，但这并不是常理逻辑上的结果，而是偶然性或意外性的结果，最终形成幽默感，令对方愉悦。

假若把你的各种优良特质比作钻石的各个侧面，幽默感则是钻石直接面向他人的那一面，可以时时折射出智慧的光芒。幽默，时常会让我们一展才华，脱口而出，令人耳目一新，印象深刻。一段精彩的幽默说辞，有时会让人一辈子不忘，而你将成功地打开他人的心扉。

## 沟通讲技巧，让谈话舒服自然

在日常交际中，沟通是需要讲究技巧的，这样才会使彼此之间的语言交流变得舒服自然，否则，只会增加双方之间的隔阂。古人云：“言有尽而意无穷，余意尽在不言中。”在日常交际中，我们需要做到言语委婉，当然，更需要通俗易懂，如此才能达到良好的沟通效果。言语委婉，就是将那些重要的、该说的部分故意隐藏起来，或者故意说得不明显，却让对方明白自己所表达的思想感情；通俗易懂，也就是我们要注意自己使用的语言，使之简单易懂，说话的目的在于得到他人的理解，而对方是靠自己的听觉来理解我们的话语的，如果我们在说话的时候，尽用些生僻、晦涩的语句，那么，对方就会觉得枯燥无味，不知所云。

传说汉武帝晚年时很希望自己长生不老。一天，他对侍臣说：“相书上说，一个人鼻子下面的人中越长，命就越长；人中长一寸，能活百岁。不知是真是假？”侍臣东方朔听了这话后，知道皇上又在做长生不老梦了，皇上见东方朔似有讥讽之意，面露不悦之色，喝道：“你怎么敢笑话我？”东方朔脱下帽子，恭恭敬敬地回答：“我怎么敢笑话皇上呢？我是在笑彭祖的脸太难看了。”汉武帝问：“你为什么笑彭祖呢？”东方朔说：“据说彭祖活了800岁，如果真像皇上刚才说的，人中就有八寸长，那么，他的脸不是有丈把长吧？”汉武帝听了，也哈哈大笑。

本来，东方朔想表述的就是劝诫皇上不要再做长生不老梦了，但是，皇上是君，自己是臣，这样的话怎么可能直接说出口呢？于是，东方朔用了一个浅显易懂的笑话：“据说彭祖活了800岁，如果真像皇上刚才说的，人中就有八寸长，那么，他的脸不是有丈把长吧？”以此达到了自己劝谏的目的。东方朔如此委婉的批评，令汉武帝愉快地接受了，最终没有责难于他。

吴先生是广州某地区有名的房地产大亨，资产逾十亿。有一年，他带着自己的团队从广州飞往某大城市，准备投资当地的房地产，到处寻找合作伙伴。

在经过一段时间的筛选后，吴先生约了一大型房地产的负责人进行谈

判。当双方坐在了谈判桌前，那位负责人立即对自己公司作了较为详细的介绍，表现得精明能干；并且，他通晓市场行情，这令吴先生颇为欣赏。听了那位负责人对合资企业的宏伟计划后，吴先生似乎已经看到了合资企业的光辉前景。吴先生正准备签约的时候，那位负责人似乎还意犹未尽，他又颇为自豪地侃侃而谈：“我们房地产公司拥有一千多名职工，去年共创利税五百多万元，实力绝对算是雄厚的……”

听到这里，吴先生显得有点不悦，心想：你公司一千多人才赚了几百万，就显得那么自豪和满意。这令吴先生感到非常失望，离自己预定的利润目标差距太大了。如果选择这样的负责人经营公司的话，就很难有较高的经济效益和利益。于是，吴先生当即决定终止合作谈判。

在日常交际中，我们说话要有逻辑性和针对性，做到一针见血、言简意赅，这样对方才能明白你说的到底是什么，也不至于在你话语中找到漏洞。其实，如果那位负责人不说最后那句沾沾自喜的话，这次谈判也许就会是另一种结局。那位负责人最后几句不着边际、缺乏逻辑性和针对性、画蛇添足的话，不仅让自身的缺点暴露无疑，而且令吴先生失去了合作的信心，最终打消投资意向。仅仅因为几句话就失去了一次大好的合作机会，实在是得不偿失。

那么，在沟通过程中，我们该如何学习这些技巧呢？

1.把话说到点子上

说话有针对性，也就是要将话说到点子上。在语言交际中，为了建立良好的交际关系，为了打动对方，话不在于说得多，而在于说到点子上。因此，我们在开口之前，应该让自己的舌头在嘴里转个几圈，把那些多余的废话转掉，说一些简单明了的话。要做到一开口就往点子上说，千万不要东拉西扯，让对方不知所云。

2.含蓄委婉地进行语言表达

面对朋友的盛情款待，你可以含蓄地说“谢谢，看这水果多新鲜啊，可惜我刚刚吃完饭，没有胃口吃了，真是太遗憾了”，这样主人听了心里会很受用，而你也表达了自己的意思。有时候，你可以说一些与本意完全相反的话语，让对方自己去领悟，从而接受你的建议。比如，领导征求意见，一位下属说："我对你很有意见，你太不爱惜自己的身体，工作起来太玩命，要知道，身体是革命的本钱啊！"

## 制造共鸣才能建立成功的沟通

在日常交际中，我们要能够体会对方的情绪和想法，理解对方的立场和感受，站在对方的角度思考和处理问题，这样才能制造出共鸣，才能建立成功的沟通。在已经发生的事情中，把自己当成对方，想象自己是由于何种心理导致了这样的我，最后触发了整件事情。在整个心理过程中，由于自己先接纳了这种心理，因此也就接纳了对方的这种心理，从而谅解这种行为和事情的发生。这与古人所说的"己所不欲，勿施于人"如出一辙。在人与人之间的沟通过程中，共鸣始终扮演着重要的角色。事实上，如果我们站在对方的角度同情、理解、关怀对方，接受对方的内在需求，并感同身受地予以满足，就可以使双方产生共鸣，从而赢得对方的好感。

卡耐基租用了某旅馆大礼堂讲课。一天，他突然接到通知，租金要提高3倍。卡耐基前去与经理交涉。他说："我接到通知，有点震惊，不过这不怪你。如果我是你，我也会这么做。因为你是旅馆的经理，你的职责是使旅馆尽可能赢利。"紧接着，卡耐基为他算了一笔账，将礼堂用于办舞会、晚会，当然会获大利。"但你撵走了我，也等于撵走了成千上万有文化的中层管理人员，而他们光顾贵旅社，是你花再多的钱也买不到的活广告。那么，哪样更有利呢？"经理最终被他说服了。

卡耐基所使用的口才心理策略"如果我是你，我也会这么做"，其实就是一种理解。当他站在经理的角度时，经理心中已经降低了防备心理。然后，卡耐基抓住了经理的兴奋点，使其内心产生共鸣，最终让经理心甘情愿地把情感的天平倾向了卡耐基这边。

保险员李小姐一进门便开门见山说明来意："王先生，我这次是特地来请您和太太及孩子投人寿保险的。"可是，王先生却异常反感地说："保险是

骗人的勾当！”李小姐并没有生气，微笑着问道：“噢，这还是第一次听说，您能给我说说吗？”王先生说：“假如我和太太投保三千元，这三千元现在可买一部兼容电脑，二十年后再领回的三千元，恐怕连电视机都买不到了。”李小姐又好奇地问：“这是为什么呢？”王先生很快地回答：“一旦通货膨胀，物价上涨，即会造成货币贬值，钱就不经花了。”通过这样的问话，李小姐对王先生内心的忧虑已基本了解。

李小姐首先维护王先生的立场：“您的见解有一定的道理。假如物价急剧上涨二十年，三千元不要说黑白电视机都买不了，怕只够买两棵葱了。”王先生听到这里，心里很高兴，但接着精明的李小姐又给他解释了这几年物价改革的必要性及影响当前物价的各因素，进一步分析了我国政府绝对不会允许旧社会那样的通货膨胀的事情发生的道理，并指出以王先生的才能和实力，收入可望大幅增加。说也奇怪，经李小姐这么一说，王先生开始面带笑容，两人相谈甚欢。当然，李小姐最终获得了成功。

李小姐成功的秘诀就在于制造出了共鸣。她先是站在对方的立场来思考，设身处地，洞悉对方的心理需求，再进行引导，最终说服了王先生。由此可见，灵活地制造出共鸣能够有效地影响对方心理。当我们站在对方的角度思考问题，与对方实现内心的对话时，就能与其产生心理共鸣，进而达到自己的目的。

在日常交际中，如何才能制造出“共鸣”呢？

1.“你的话有一定的道理……”

当对方表露出与自己全然不同的想法时，你应该说“你的话有一定的道理……”，并通过语言分析强化对方想法的正确性，站在对方的角度，再进行积极引导，就可以制造出共鸣了。

2.“如果我是你，我也会这样做”

汽车大王福特说：“假如有什么成功秘诀的话，就是设身处地替别人着想，了解别人的态度和观点。”因此，当对方说出了自己的决定时，我们应该强调对方这种做法的合情合理性，了解对方现在的心理矛盾，以感同身受影响其心理，再巧妙地说服对方。

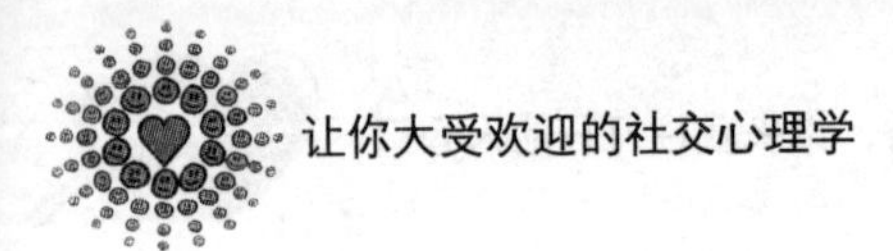



3. “咱们都是一家人……”

当你仔细观察对方身上所具备的特征之后，你会发现在你们之间其实也有许多相同点，而我们需要做的就是传递出“咱们都是一家人……”这样的信息，从而制造出共鸣。比如，“张先生，我也姓张，咱们五百年前可是一家人啊”“王姐，您也是东北人啊，真是太巧了，我也是东北的”。

4. “同是天涯沦落人”

相同的经历会有相同的感受，有了相同的感受自然会惺惺相惜，我们要巧妙地以此制造出共鸣感，比如，“你以前在广东工作过？我早些年也在广州工作过。”“李姐，咱们做女人真的是不容易啊，既要照顾家庭，又要照顾孩子，生活压力真大啊！”以此来影响其心理，达到说服对方的目的。

## 说点自己的秘密，让对方感到被信任

在生活中，每个人都有一些秘密，而这些秘密，只属于自己，或者只会说给那些最亲近的人听。在平日里，我们都小心翼翼地保护着自己的秘密，以免秘密暴露出来，给自己带来一些伤害。与此同时，如果我们将这些秘密告诉某人，那表示某人是被我们所信任的。事实上，在日常交际中，我们完全可以利用这样的心理，将此方法作为沟通的途径之一。每个人都有自己的秘密，在对手眼里，这是可以击破的缺口；不过，在其他人眼里，这却是一种坦诚的方式。当我们说出自己的秘密，就会让对方感到自己是被信任的，自然也就会对我们产生好感，其心门也会被打开。

乐乐看上去心情很不好，眉头紧蹙，似乎发生了什么事情。朋友小媚是一个善于关心朋友的人，她看见乐乐这副样子，很是心疼。前几日，耳闻她跟男朋友发生了矛盾，难道是分手了？

中午吃饭的时候，小媚关切地问道：“乐乐，怎么了？”乐乐抹了抹自己眼角不小心掉下的泪水，匆忙地回答说：“我没事，沙子吹进眼睛里了。”小媚知道乐乐此时心里难受，自己前两个月才从失恋的阴影中走出来，现在是

自己开导朋友的时候了。

为了能让乐乐对自己袒露内心的痛楚和纠结，小媚跟乐乐说起了自己的事情："在两个月以前，我比你更痛苦，我都想去自杀了。三年多的感情说没就没了，心里一下子空荡荡的，我删除了所有与他有关的东西，却删不掉内心的记忆，那段时间，我最害怕的就是失眠。为了不让自己失眠，我每天晚上喝酒，为的只是让自己安然入睡。一个月过去了，我发现自己还活着，真的，虽然我瘦了很大一圈，但我确实还活着，我觉得应该为自己做点什么了，再也不要这样颓废了。于是，我换了新工作，换了新环境，换了新发型，整个人清爽多了，我觉得其实单身也不错。前两天，我在大街上碰到了前男友，竟然没什么感觉，只是恍惚之间有点难受。你跟你男朋友还好吗？有什么伤心的事情，说出来就好了。"

听了小媚的话，乐乐再也忍不住了，大哭起来，把头靠在小媚的肩膀上，哭着说道："姐姐，我跟男朋友分手了……"

其实，这个沟通策略就好像"交换秘密"一样。我们为了赢得对方的信任，不惜说出自己的秘密，这样一来，对方有什么疑惑也会烟消云散，因为他觉得自己是被信任的。如果听了对方的秘密，心里还持着怀疑的态度，那他内心也会感到不安的。甚至，这时他会因不好意思而分享自己的秘密作为交换，在无形之中，彼此之间的亲密度也就增加了。

有时候，为了赢得对方的信任，我们可以适当说出自己的一些秘密。就好像案例中的小媚一样，小媚过去失恋的经历跟乐乐现在的情境是相似的，有着同样的感受，更容易打开对方的心扉。即便对方不想袒露自己内心的秘密，但如果遇到相似经历的人说出了秘密，他内心的防线也会坍塌，他会愿意将自己内心隐藏的事情说出来。

1.只可说"有些秘密"

虽然，为了赢得对方的信任，我们有必要说出自己的一些秘密，但只是有些秘密可以说，你不能毫无保留地将自己的秘密全部说出来，否则就是愚蠢的。哪些秘密是可以说的，哪些秘密是永远不能说的，这对于自己而言，需要有一个把握，这样才能在赢得对方信任的同时有效地保护自己。

2.态度需要真诚

当然，并不是说为了很好地保护自己，就编造一些虚假的事情，这样不仅达不到效果，还有可能弄巧成拙。当我们在说出自己的一些秘密的时候，态度需要真诚，应适当将自己那些无伤大雅的秘密说出来，这样才能让对方感觉到自己是被信任的。如果我们只是说出一些假的秘密，那会让对方有一种欺骗的感觉，信任自然也就无从谈起。

## 多听少说，让对方做谈话主角

沟通是双方通过语言或非语言来交流思想感情的过程，因此，在沟通过程中，我们不仅需要说话，也需要适当聆听。是否能够通过语言来影响其心理，就取决于你是否悉心聆听了。良好的聆听会为你捕捉到许多有效的信息，而这些信息将决定你是否能够成功地操控他人心理。说话是一个传递信息的过程，把话说到位，不仅关系到能否准确表达自己的思想，还在于自己的思想能否被对方所接受并产生共鸣。在日常交际中，我们要多听少说，让对方成为谈话主角，这样才能适时赢得对方的好感。

小罗是一个很受欢迎的人，他常常接到不同的邀请，而在各种社交场合，他都能和大家打成一片。朋友小林十分敬佩他，但始终没能找到小罗的秘诀。

有一天晚上，小林参加一个小型的社交活动，一到场他就看见小罗和一个气质高雅的女士坐在角落里。小林发现，那位年轻的女士一直在说，而自己的朋友小罗好像一句话也没说，只是偶尔笑一笑，点点头。回家的路上，小林忍不住问小罗："刚才，那位年轻的女士好像完全被你吸引住了，你是怎么做到的？"小罗笑着说："刚开始我只是问她，你的肤色看起来真健康，去哪里度假了吗？她就告诉我去了夏威夷，还不断称赞那里的阳光、沙滩，之后顺理成章地，她就开始讲起了那次旅行，接下来的两个小时她一直在谈夏威夷。最后，她觉得和我聊天很愉快，而我实际上并没有说几句。"

看完了这案例，想来，我们应该清楚小罗为什么总是那么受欢迎了。是的，原因就是他懂得认真地倾听。其实，在沟通过程中，倾听是对谈话者最基本的尊重，同时也是有效沟通的前提。懂得倾听，认真地倾听，让对方感受到你的注意力，让他觉得你对他所谈的内容很感兴趣，那么，你和他之间的心理距离就会缩短。在这样友好的氛围中，对方更容易对你产生好感，自然也很容易被你打动。

周末，几个朋友聚会，大家纷纷谈论自己来年的学习计划。可是，有个朋友突然说，他来年的第一个功课就是学会倾听，学习不再打断别人说话，至少让别人把想说的话说完了，再表达自己的想法。身边的朋友听了都感觉很意外。“这还需要学习吗？我们都已经为人父母了，上班这么多年了，难道我们还不会倾听吗？”一个朋友不解地提出质疑。那位朋友笑着说：“以前公司召集我们开会的时候，很多次我都在抱怨，怎么还没结束呢？总是不自觉地去打断，或者思想走神，根本没有深刻理解领导的意思，结果做了很多无用功，然后又不停地与他沟通，解释自己的意思，其实都是因为自己首先没有听明白领导的意思，才有后来的沟通不畅。”

是的，像这样的情况几乎每天都在发生，时间长了，大家会觉得沟通是一件很困难的事情。随着生活节奏的加快，我们已经不再愿意倾听别人的想法，总是来去匆匆，有时候甚至连话都变得简短了。现在，你是否觉得沟通更需要倾听呢？

1.沟通更需要多听

在日常生活中，吵架的时候，我们放任自己的心情，表达出自己的愤怒；当别人对自己不理解的时候，我们绞尽脑汁地为自己辩解；当想对父母表达孝心的时候，我们总是把自己的想法说给父母听。很多时候，我们都愿意用“说”作为唯一的沟通方式，在我们看来，它显得更快更直接，但是，我们忘了这样一句老话，“只有会听的人才会说”。

2.多听少说，使你受益无穷

布里德奇说：“学会了如何倾听，你甚至能从谈吐笨拙的人那里得到收益。”倾听并不是没有任何意义的随声附和，一个优秀的倾听者可以从说话者那里获取大量的信息，赢得对方的信任，达到打动人心的目的。

3.认真地听，细致地说

我们除了倾听之外，还需要适时地重复对方话语中的关键字眼。所以，倾听比说话更需要毅力和耐心。假如你只是埋头玩自己的手机，或者把头瞥向一边，这样无疑会打击说话者的积极性，这次沟通也宣告失败。只有听懂了别人表达的意思的人才能沟通得更好，倾听是说话的前提，先听懂别人的意思，再表达出自己的想法和观点，才能更有效地沟通。

## 积极地反馈，让对方感到被重视

在日常沟通中，当对方在说的时候，我们需要的只是保持“听”的姿势吗？答案当然是否定的。事实上，在倾听对方说话的时候，作为听者，我们需要给予积极的反馈，让对方感到备受重视，这样我们才能有效地打动对方。在这里，涉及心理学中的“反馈效应”，反馈效应是指向诉说者反馈自己的尊重与关注，这会使诉说者感到自己和自己的谈话在他人心里很重要，这在一定程度上起到了正性强化作用。心理学家通过大量研究发现，每个人都喜欢和尊重自己谈话的人沟通。

酒会上，王姐倚靠着栏杆，在酒精的刺激作用下想起了伤心往事，不禁小声啜泣起来。李秘书这时正好路过这里，亲切地问道：“王姐，怎么了？”王姐靠着李秘书的肩膀，哭着说：“我又想起了那次车祸。”李秘书拍拍王姐的肩膀，说道：“我明白，那真是件不幸的事情，但你已经熬过来了，我希望你能坚强地走下去。”王姐点点头，情绪也好多了。

在倾听过程中准确地反馈会激励诉说者继续说下去，同时，也让诉说者有一种被尊重的感觉，从而对他产生极大的鼓舞。当然，不准确的反馈不利于谈话的进行，因此要把握好。

如果只是敷衍而木讷地听对方讲述也是不行的，还需要鼓励对方继续说下去，所以，在倾听的过程中要适时地提问，以引起对方的注意和说话的欲

望。另外，一个人唱独角戏的滋味真的不好受，这会让对方觉得自己没有受到足够的尊重，而且，适时地提问其实也是一种反馈的行为。

小A兴致勃勃地冲进办公室，对同事小文大声嚷嚷："你猜我今天在电梯里看见谁了？""谁啊，是不是隔壁办公室的某某啊？"小文好奇地追问，"不是啦，我看见明星了，他好像是来代言广告的，那时候我的心都差点停止跳动了。"小A还沉浸在兴奋状态里，"真的？那个明星是谁啊？电视上和真人相比，哪个更帅些？"小文不住地追问，小A拉过一把椅子，打算坐下好好聊。

适当地提问表现出你对对方的谈话很感兴趣，也让对方更有兴趣继续讲下去。

那么，在听对方诉说的时候，我们该如何进行有效反馈，让对方感觉受到尊重呢？

1.重复对方的意见

在倾听过程中，你可以适当重复对方的意见，比如"你刚才的意思或理解是……"，这样会激励对方继续说下去。

2.及时查证自己是否了解对方

在谈话过程中，你可以说："不知我是否理解了你的话，你的意思是……"一旦确定了自己对他的了解，就需要给予积极实际的帮助和建议。

3.避免不良习惯

当然，反馈并不是开小差，也不是随意打断别人的话，更不是借机把谈话主题引到自己的事情上来，并任意地提出自己的观点作为评论和表态等，这都是不准确的反馈，效果会适得其反。

4.非语言反馈

非语言技巧包括点头、微笑，在倾听过程中，适时地微笑与点头，会让对方感到你对他的谈话很有兴趣，从而令他愿意与你交谈并对你留下很好的印象。

5.适时提问

在倾听过程中，要把握提问的时间。一般而言，当对方正在诉说事情的时候，不要打断对方提问，需要选择合适的时机再进行提问，比如，对方说完之后有稍微的沉默，这就是最好的提问时机。

提问只是为了让对方继续说下去，因此，要以诚恳的态度提问，而不应该用盘问、讽刺或者审问的态度。比如，“你不是挺厉害吗？这次怎么失败了？”这种有点挑衅的口吻，会引起对方心中的不快。

# 第5章
# 拉近人际关系，社交场上就是要交到朋友

在日常生活中，我们最多的活动就是交际，但交际的目的又是什么呢？自然是交朋友了。在社交场上，我们应该尽可能地拉拢人际关系，以自己的真诚打动对方，以卓有成效的沟通方式拉近对方，从而与对方成为朋友。

## 朴素真诚的赞美永远能打动人心

每个人都喜欢听赞美的话，谁也不能免俗。这是因为每个人都有一种渴望被尊重的心理需要，而赞美会使对方这样的需要得到极大的满足。爱听好话是人的天性，俗话说："良言一句三冬暖。"赞美他人意味着认定了对方的价值，这时候，对方通常都会喜不自胜，极易动心，在这样的心理基础之上，你再提出自己的请求，对方自然就会爽快地答应下来。心理学家认为：对方心理上的亲和，实际上就是接受你意见的开始，同时，也是转变其态度的开始。由此可见，要想在说话办事中获得成功，我们应该给予对方真诚的赞美，而这样朴素真诚的赞美在任何时候都能打动人心。

日本加藤清正家的老臣饭田觉兵卫是一位勇猛又擅长军略的武将，但在加藤清正死后，宗族被追加了爵位后，觉兵卫却从此辞官，并在京都过着隐居的生活。有一次，他对别人说："我第一次在战场上建功时，目睹了许多朋友因战殉职。当时，心想这是多么可怕的事情，我再也不想当武士了。可是，当我回到营里，加藤清正将军夸赞我今天的表现，随后又赐给我一把名刀。这时，我不想当武士的念头被打消了。后来，每次上战场，我总是有"不想再当武士"的念头。可是每次回到营里时，总会受到夸赞和奖赏。周围的人都以钦羡的眼光看我。所以，我的心意一次次地动摇，总是没能达成我的心愿，也就一直服侍清正公。现在想来，清正公真是巧妙地利用了我。"

即便是饭田觉兵卫这样英勇的士兵，在面临战争时也会害怕，心中产生不想当武士的念头。但是，在加藤清正的赞美之下，饭田觉兵卫被打动了，并把自己的一生都贡献给了国家。加藤清正的高明之处就在于，通过对武士的真

诚赞美，留下了饭田觉兵卫这样一个忠勇的部下，并心甘情愿为其效力。

其实，赞美对方是一种有效的情感投资，而且投入少，回报大，这是一种非常符合经济原则的行为方式。赞美同事，会令同事更乐意为你整理文件；赞美上司，会令上司更加重用你；赞美下属，会使其更加乐意为你效劳。真诚的赞美，容易打动对方，会令对方获得心理上的愉悦。当然，要想对方帮你办事，为你效劳，就要发出真诚的赞美，只有真诚的赞美才有感染力，如果你只是虚情假意或者讽刺挖苦，对方不仅不会帮助你，反而会厌恶你。真诚朴素的赞美是发自内心的，是心灵的呼唤，只有真诚的赞美才能收到好的效果，才能使对方受到感染，愿意伸出援助之手。

科劳德是毕加索的小儿子，他的母亲弗朗索瓦兹·吉洛特非常喜欢绘画，一进画室便不希望别人打扰她。一次，儿子想让妈妈带他出去玩，可吉洛特已全身心投入到绘画上，听到敲门声和儿子的喊声，只是回应了一声“哎”，之后接着埋头作画。过了一会儿，儿子又说：“妈妈，我爱你。”可得到的回应也只是：“我也爱你呀，我的宝贝儿。”门却并没有打开。儿子又说：“我喜欢你的画，妈妈。”吉洛特高兴了，她答道：“谢谢！我的心肝，你真是个小天使。”可是仍然没有开门。儿子又说：“妈妈，你画得太好看了。”这时吉洛特停下笔，没有说话也没有动。儿子又说道：“妈妈，你画得比爸爸画得还好。”听了这话，妈妈把门打开了，答应儿子一起出去玩。

刚开始的时候，无论儿子怎么央求，妈妈都不为所动，当儿子说出“妈妈，你画得比爸爸画得还好”这样的赞美之词，妈妈的心还是被打动了。吉洛特的画自然比不上绘画艺术大师毕加索，但那句赞美说到了她的心里，你让她怎么拒绝呢?

1.给对方戴一顶“高帽”

在日常交际中，需要适时给对方戴上“高帽子”，比如，“最近你的皮肤变白了”“最近你的工作表现得很优秀”，从心理上打动对方，令对方心情愉悦，之后再提出自己的要求，大部分情况下都不会被拒绝。

2.从细微之处赞美对方

虽然，每个人都有一些公认的优点或长处，不过，为了体现自己的“特别关注”，我们应该尽量从细微之处赞美对方，令对方产生被重视、被尊重的感觉，比如，“你这衣服真好看”“只错了一点点，你就重新写了一边，真认真啊”，这会令对方有意外之喜。

3.肯定对方

当我们在肯定对方的时候，实际上就是暗示对方具备某种能力，然后，对方就会按照这种能力要求自己，最终他们的行为会达到你所期望的目标。

## 态度平和，急功近利会让他人远离你

在日常交际中，许多人有一种急功近利的思想，心里过于急躁，在他们内心，希望事情能够赶快办成，希望自己与对方能快速成为朋友。但实际上，交际远没有这么容易，如果我们想跟对方保持密切的关系就能如自己所愿，那交际本身就失去了意义。对此，在交际时我们应该保持平和的态度，在言行中不要流露出焦躁的痕迹，只有保持平和的心气，我们所表现出来的态度才倍显真诚，否则只会让人觉得很虚假。

春秋战国时期，魏国的国君打算发兵征伐中山国，有人向他推荐一个叫乐羊的人，据说这个人文武双全，一定能攻打下中山国。后来，魏王还了解到乐羊曾经拒绝了儿子奉中山国国君之命发出的邀请，同时，乐羊还劝儿子不要继续侍奉荒淫的中山国国君。于是，魏国国君打算重用乐羊，派他带兵去攻打中山国。

乐羊带兵一直攻到中山国的都城，然后按兵不动，只围不攻。几个月过去了，乐羊还是没有攻打中山国，魏国的大臣们顿时议论纷纷，不过，魏国国君并不吱声，依然不断派人去慰劳乐羊。乐羊似乎就稳在那里了，其手下疑惑地问他：“你为什么还不动手攻打中山国呢？”乐羊说：“我之所以只围不打，是为了让中山国的百姓们看出谁是谁非，这样，我们才能真正地收服中山国。”

过了一个月，乐羊发动了攻势，攻下了中山国的都城。魏国国君亲自为

乐羊接风洗尘，宴会结束之后，国君送给乐羊一个箱子，让他自己带回家再打开。乐羊回到家打开箱子一看，里面全部是自己在攻打中山国时大臣诽谤他的奏章。原来，国君与乐羊一样，都是“按兵不动”，所以，才得以成功地攻打下中山国。

跟任何事情都一样，交际也是不能急功近利的。如果乐羊一开始就心急火燎地攻打中山国，那么，他极有可能会遭遇失败；同样地，面对大臣写下的诽谤奏章，如果魏国国君急躁地惩罚了乐羊，那么，中山国不一定能够攻打下来。其实，交际就如同打一场战役，在这场战役中，你会遇到各种各样的情况，只有那些心境平和的人才有能力赢得这场战役。在交际过程中，越是保持平和的态度，越有可能赢得对方的好感。

乞丐皇帝朱元璋当皇帝了，这个消息在朋友圈子里传开了，大家都感到由衷地骄傲，好像自己也当了官似的。其中，有一位穷朋友想到自己机会来了，想着皇宫里的珠宝、山珍海味，他就忍不住做起了美梦，心想：我可是朱元璋的朋友，他现在都当皇帝了，怎么说，也得给我封个大官。

于是，他真的去了皇宫。见了朱元璋，他好似看见了荣华富贵，不自觉间，说话也是满口骄纵：“您还记得我吗？有一次，你不小心连红草叶子也送进嘴里，叶子梗在喉咙里，苦得你哭笑不得，还是我出的主意，叫你用青菜叶子吞下去，才把红草叶子带下肚里去，怎么说，你也得感谢我啊！现在你都是皇帝了，给我封个大官吧……”没想到，大殿上的朱元璋早已听得不耐烦了，大怒道：“推出去斩了！”

这位朋友太过急功近利，导致其心绪浮躁，于是，一些没有经过大脑仔细思考的话语脱口而出，同时，为自己招来杀身之祸。试想，如果这位朋友能够克制浮躁的情绪，稳住心气，保持平和的态度，在开口之前考虑该说什么、不该说什么，那么他一定会交际得当，受到朱元璋的奖赏。

1.保持平和的态度

在交际过程中，一个人若是有了浮躁的心绪，他就很难冷静地思考，只是急切地希望事情能够成功。若以这样焦躁的心理伴随着交际过程，那么交际很难成功，往往会以失败告终。其实，一个人保持怎样的态度将直接影响他人内心的感觉。所以，在交际时，须戒掉急功近利的心态，稳住自己的心气，以平和的态度待人，这样便可顺利赢得对方的喜欢。

2.太过急功近利容易坏事

在交际过程中，一旦我们的心境失去了原有的平和，那我们一定会失去掌控局面的机会，也就难以与对方建立密切的关系。有的人在交际时总是急功近利，希望第一次见面就能够获取对方的信任，与之成为朋友，但越着急，越容易出错，殊不知，恰恰是自己无意中表现出来的急功近利吓跑了对方，使其产生远离自己的想法。

## 让诚信成为自己的“招牌”

戴尔·卡耐基曾说：“任何人的信用，如果要把它断送了，都不需要多长时间，就算你是一个极谨慎的人，仅须偶尔疏忽，多么好的名誉，都可立即毁损，所以，养成小心谨慎的习惯，实在重要极了。”信誉是一个人的品牌，是一个人所拥有的无形资产。生活中，我们常常会谈论一些产品的品牌效应，有的产品牌子做得好，其销售量就高，反之，就难以在市场上立足。其实，一个人的品牌也是同样的道理，一个人若是信誉好，有诚信，人们会争相与之结交，哪怕他是一个穷困落魄的人，至少，他那份难得的信誉是无价的。信誉好的人，他能够赢得所有的信任；信誉差的人，他会失去所有的支撑力。在交际场上，人们所喜欢结交的往往是那些有着良好信誉的人，对此，我们应努力让诚信成为自己在交际场上的“招牌”。

有一天，一位顾客走进了一家汽车维修店，他自称是某运输公司的汽车司机。打量了店面之后，他对店主说：“在我的账单上多写点零件，我回公司报销后，有你一份好处。”不料，店主却拒绝了这样的要求，那位顾客见状，继续纠缠说：“我的生意不算小，以后会常来的，你肯定能赚很多钱！”店主告诉他：“你这是欺骗，我无论如何都不会做的。”顾客气急败坏地嚷道：“谁都会这么干，我看你是太傻了，放着这么好的生意不做。”店主生气了，

对顾客说道：“你还是离开吧，不要在我这里浪费时间了，你还是到别处去谈这种生意吧。”

出人意料的是，那位顾客并不生气，反而笑着握住了店主的手，说：“我就是那家运输公司的老板，我一直在寻找一个固定的、讲诚信的维修店，你还让我到哪里去谈这笔生意呢？”

店主面对诱惑，不心动，不为其所迷惑，在他身上所体现出来的就是诚信，而恰恰是如此珍贵的品质打动了那位顾客，最终，他成功地做成了一笔生意。我们活跃在交际场上，应该培养自己诚信的“招牌”，要想打动身边的人，要想与之建立密切的关系，那就必须在诚信上下功夫。

许多人都忽视了这样一个道理，那就是：树立良好的信誉不容易，而毁誉却是一瞬间的事情。有的人大半辈子都被认为是“勤勤恳恳、诚信”的人，可是，临到晚年，突然做了一件不诚信的事，那么，他之前所树立的“诚信”就土崩瓦解了，以至于落个“晚节不保”的名声。因此，要想树立良好的信誉，必须是持久而稳定的，在任何时候、任何事情上都需要保持一个人的诚信，否则，你将失信于所有人，那么，你自己也难以在交际的圈子里立足。

那么，如何才能让诚信成为自己交际场上的“招牌”呢？以下几点可以供你参考。当你通过下面几点给对方留下诚实守信的印象后，将会大大提升你给他人留下的整体印象。

1.适当暴露自己的不足之处

许多人害怕暴露自己的缺点，认为这将使自己的信誉形象扫地，其实，这样的理解是错误的，适当暴露自己的缺点，实际上是一种诚实的表现。适当暴露自己的不足之处，以彰显自己的诚实，可以有效提升自我的信誉度。不过，凡事有个度，不能暴露太多，否则对方会认为你毛病太多。

2.直言相告，体现自己的责任感

中国人历来的说话方式都有点拐弯抹角，一旦碰到对自己不利的事情或者向在对方提出什么要求的时候，往往会东扯西扯，最后才暴露出自己的本意，这种做法其实会让人觉得你毫无诚意。因此，对自己需要求助于人的事情，应直言相告，体现自己的诚意。

3.拥有较强的时间观念

一个人应该有一定的时间观念，其中就包括了守时，这是每个人都应该具备的美德，一个常常迟到的人会给人留下较差的印象。因此，无论是与对方相约还是会见客户，你最好提前五分钟到场，这一点会给对方留下好印象。而且，比对方早到，可以顺势熟悉周围的环境，准备一下见面的话题，这样才能顺利达到办事的目的。

## 广交朋友，慎选贴心友人

俗话说：“在家靠父母，出外靠朋友。”我们每个人都离不开朋友，无论是在生活中还是在工作中，每个人都会有朋友。朋友就是与我们交情深厚，彼此要好的人。我们与朋友之间的友谊是一种最纯洁、最平凡的感情，同时也是最坚实、最永恒的情感。甚至有人曾说，你可以没有爱情，但是你绝不能没有友情。一旦没有了朋友，你的生活就如同死水，没有丝毫的生气和激情。可以伴随我们一辈子的感情中，友情无疑是最珍贵的情感之一。因此，我们在日常生活中，要注重友情，多向自己的朋友“投资”，因为对朋友的投资完全就是一辈子用不完的财富。当然，我们在广交朋友的时候，也需要慎选贴心友人。

在一次战斗中，鲍叔牙受了伤，管仲急忙为他包扎伤口。管仲看到流血的伤口，难过地说：“你是为了我才受的伤啊!”鲍叔牙笑了笑，说：“没关系！没关系！”

有人问鲍叔牙：“对朋友，你可真是做到家了。这样做是为了什么呀？”鲍叔牙说：“我不这样做，管仲也会这样做的。我总以为，他比我有本领，有胆量，总有一天，他会干出更大的事业。”

后来，他们在齐国做了官，都是很有才华的政治家。管仲在鲍叔牙的支持下成功地进行了改革，使齐国成为当时最强大的国家。不久，管仲的官职超过了鲍叔牙。这时，一些大臣议论纷纷，替鲍叔牙抱不平。

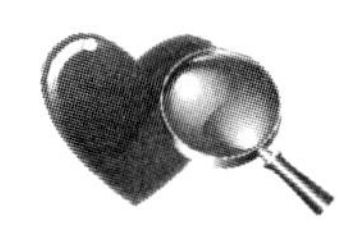

鲍叔牙知道，自己如果继续做官，可能对管仲不利，于是毅然决定向齐桓公辞官回乡。齐桓公挽留他，说：“你是一个品德高尚的人呀！管仲就是您推荐给我的。现在为了他，你要辞官了。我要管仲，也需要你。请你留下吧。”管仲也劝鲍叔牙：“你不要走。别人议论什么，我不在乎。”第二天，鲍叔牙还是悄悄地离去了。

管仲逢人就说：“生我的是父母，而真心待我的是鲍叔牙！”

鲍叔牙深知管仲的才能和为人，他一直都在对管仲进行真诚的庇护、举荐，并最终促使管仲在事业上的成功。他们两人无论是在个人情感还是生意往来、事业上，都能够坦诚以待、肝胆相照，而他们彼此的选择也是慎重而正确的。

在我们日常交际中，每个人都是平等的，人与人之间的交往也是建立在平等的基础之上的。但是，朋友应该分为三、六、九等，即分为损、益、良三类。下面，我们就简单描述这三种朋友的区别，帮助大家以此为依据慎选我们身边的那些“朋友”，分清其类型。

1.良友

我们所说的良友就是普通朋友和好朋友之列的，在这种朋友中，经过长时间的相处与交往，最终会有一部分成为我们的益友，成为我们的知己。因此，对待这样的朋友需要付出自己的真诚，这样才能打开对方的心扉，与其进行心灵上的交流，令彼此之间的友谊能够长期地发展下去。

2.益友

益友就是那些跟随我们一辈子的朋友，无论是在我们困难之际，还是在我们飞黄腾达之时，他们都是我们的知己好友。对待这样的朋友，只要用心去经营你们之间的友谊，用心对待对方，就会使我们终身受益。

一般而言，我们经常所说的知己好友就是属于益友这一类。他们会在我们颓废萎靡的时候，为我们做好一切，安抚我们忧郁的情绪，为我们分担压力；在我们享受富贵生活的时候，也会陪在我们身边，给我们一些适当的提醒和问候，却不会因为我们的成功而心生嫉妒。像这样的朋友，就是我们一生的朋友，“海内存知己，天涯若比邻”，不管我们在哪里，都不会忘记对方；无

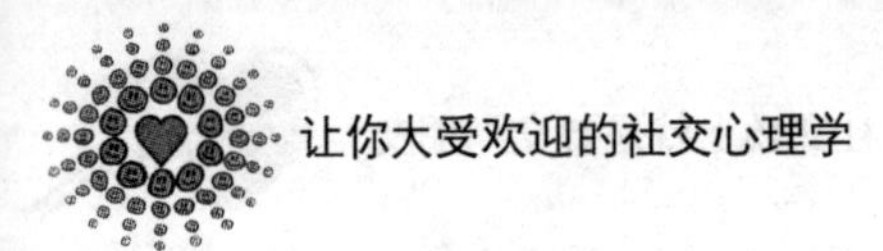


论我们离开了多久，想起对方时的那种感觉是永远不会变的。

3.损友

我们所说的损友是指，在与我们的交往中，他不付出一点情感，只希望从我们身上不断地索取一些东西。也许在他们当中，也有喝了点酒就与我们称兄道弟的人，但那毕竟只是表面功夫，并不是出于真心。这样的朋友与我们交往时，他所怀着的完全是一种功利性的目的，他们既不会在我们困难时向我们伸出援助之手，也不会在我们心情烦闷时为我们排忧解难。因此，对待这样的朋友，不能过于真心，只要维持和谐的关系即可。

## 别被熟悉的朋友欺骗

现代社会，越来越流行这样一个词儿——“杀熟”。何为“杀熟”？我们经常所说的“杀熟”就是绞尽脑汁、不择手段地专赚、专骗熟人钱物，损熟人而利己。换句话说，就是利用朋友、熟人之间的相互信任，采用不正当手段赚取熟人、朋友的钱财。“杀熟”这样的行为大大地冲击了社会伦理规范底线，动摇并瓦解了人际的信任关系，使社会信任陷入危机。有时候，恰恰是我们身边最亲密的朋友，反倒伤害我们最深。所以，我们在与朋友的交往中，要善于观察对方的言行举止，小心被爱“杀熟”的朋友欺骗。

“杀熟”之所以能够得逞，根本上利用的就是熟人、朋友之间的一种信任关系。因此，在很多时候，我们并不能因为对朋友的信任就相信他所说的一切，并愿意为其提供帮助。其实，正因为对朋友有所信任，你才更应该清楚地判断事情的性质，小心提防那些“杀熟”的朋友。

老王是一位退休干部，整日在家里弄一些花花草草，日子过得很清闲。可是，前不久，大家却偶然听说老王被骗了二十几万，那几乎是老王家里所有的积蓄，这可把老王急得上了火，儿子女儿也都回来了，安慰老王：“钱没了可以再赚，只要你健健康康就好。”

儿女们在追问之下，才知道事情的来龙去脉：原来，年前老王老家的兄

弟给老王介绍了一个朋友，说那位朋友是在一个投资公司上班，如果能够借一笔钱给他投资，他一定会连本带利地归还，并且许诺给老王高于银行的利息。善良单纯的老王凭着对自家兄弟的信任，而对方又是亲戚的朋友，就答应了下来，当即借出了五万。此后，那人又频频增加借贷金额，短短两个月就从老王那里借走了二十万，这时候老王才发现了事情不对劲，赶忙报了警。

可是，由于借款人为老王出具了正规的借条，并且他所提供的身份证明也是真实的，所以在法律上并不构成诈骗。后来，老王的儿女们辗转了好几个地方分别报案，直到借款人另外的债主把他告上了法庭，那个因赌博把巨款挥霍一空的人才被绳之以法。但又有什么用呢？他赌博把所有财产都赔进去了，老王的钱是要不回来了。老王听闻钱要不回来的时候，伤心得昏了过去。

据统计，所有的犯罪案例中，60%是“杀熟”，也就是熟人所为。在现实生活中，绝大多数人都会对自己身边的熟人、朋友过分地相信。其实，“杀熟”之所以能够轻而易举地得手，除了对方的无耻之外，受害人过于相信熟人也是一个重要因素。有的人在反复上当之后依然执迷不悟，更可悲的是，有的人自己被人骗了，还对其感激不尽，可以说已经到了“自己被卖了还帮着别人数钱”的地步。面对与我们有着亲密关系的朋友，我们更应该在交际中清楚地了解对方的为人，以免上当受骗。

1.该说的话就要说

如果你对某位朋友有所怀疑，千万不要因为怕破坏彼此的关系而闭口不言。一旦对方的言行举止中有你所怀疑的一部分，不管你们之间的关系有多密切，都要直言不讳地讲出自己的担心。如果你的朋友真有欺骗你的嫌疑，你这样说出来，就会对他有一定的震慑作用，让他明白你不是好骗的，趁早打消这个念头。

2.必要的时候，不如撕破脸皮

有的朋友想方设法欺骗你，当你有所警觉不会上当的时候，对方还是不放弃，油腔滑调地反复说服你，“你真不够意思，这点小忙都不帮”或者“你真是忘恩负义，亏我拿你当朋友”。那么，这样的人根本就不值得你继续交往下去，不如撕破脸皮，这样更有利于使自己摆脱困境。

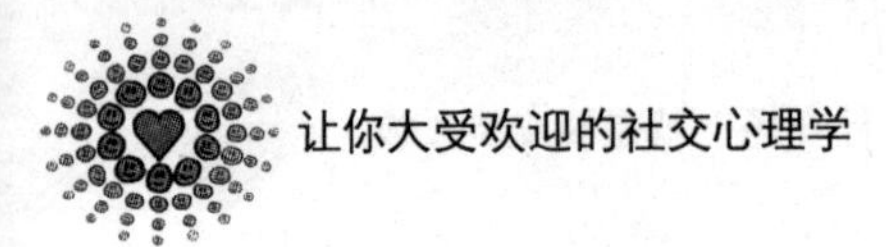


3.反复提醒对方

有时候，对方向你借了大笔钱财后，便从此避口不谈。这时候，你就不要怕啰唆，要对他进行反复提醒。当然，如果朋友真的有难处，并且说了具体的还钱日期，那就无须反复提醒对方还钱。对于那种不怎么信守承诺，并且一次一次拖延还钱日期的人，你就要时时提醒对方，不要因为自己难以启齿而最终当了“冤大头”。

## 不要随意与陌生人开玩笑

有的人喜欢开玩笑，以此来活跃气氛，消除双方之间的陌生感，这确实是一种与人建立融洽关系的有效方式。但是，也有不少人在初次见面时就同对方开玩笑，试图消除刚见面的陌生感，却常常起了相反的效果。其实，玩笑是不能随便开的，尤其是面对自己不了解的人，更不能随便同对方开玩笑。因为，若你稍有不慎，把握不当，不仅不能缓和气氛，还会适得其反，给双方关系造成难以弥补的裂痕，从而直接导致我们人际关系的破裂。因此，你在不了解对方的时候，不要轻易地同对方开玩笑。

刘备进入蜀地之后，曾经与益州的刘璋在富乐山相会，当时正好碰到了刘璋的部下张裕。刘备见张裕满脸胡须，就开玩笑说：“我老家涿县，姓毛的人特别多，县城周围都住满了毛姓人家，县令感到奇怪，就说‘诸毛为何皆绕涿而居呢？’”在这里，刘备巧将“涿”借为“啄”，意在取笑张裕那张被一脸黑毛遮住的嘴巴。

不料张裕回敬道：“从前有个人先是任上党郡潞县县长，后来又迁至涿县做县令。有人正好在他上任前回老家探亲时给他写信，于是在称呼上犯了难，一时不知称他为‘潞长’，还是‘涿令’，最后只好称他为‘潞涿君’。”在这里，张裕也巧妙借此取笑刘备脸上无毛，立即引得满座哄堂大笑。当时，他们两人不过是开开玩笑，张裕并不在意这件事，刘备却因自己占了下风而一直耿耿于怀。

后来张裕投到刘备麾下，刘备竟找了个借口，要杀张裕。诸葛亮请刘备宣布张裕罪状，刘备说不出什么理由来，竟称："芳兰当门而生，不得不锄去也。"

张裕对刘备一点都不了解，就对其以玩笑回敬。哪晓得刘备心眼小，一直因自己占了下风而耿耿于怀，张裕就这样因为一句玩笑话而掉了脑袋。

我们不可否认玩笑有它的作用，如果你把握得当，它在很多时候都能够活跃气氛，缓和初次见面的紧张感和生疏感。但这样的适度玩笑也只有用在合适的时间、合适的地点、合适的环境以及合适的对象身上，才会产生这么大的作用。相反，如果你同一个不了解的人随意地开玩笑，就免不了会产生误解，或者伤害对方，有时候甚至会给自己招来杀身之祸。

1.合适的场合

你同对方开玩笑时需要选择合适的场合，不能随便在任意场合开玩笑。比如，在一些庄重的集会或重大的场合就不适宜同对方开玩笑；还有一些有着浓厚悲伤氛围的场合，也不应该同对方开玩笑。这样的场合中，如果你同对方随意开玩笑，只会增添对方的不悦情绪，进而对你没有任何好感。因此，开玩笑需要选择合适的场合，必须是双方都处于心情愉悦的情况下，你的玩笑才能够发挥作用。

2.对方的性格

每个人都有各自不同的性格，有的人活泼开朗，有的人爽快豁达，有的人比较内向，有的人则比较敏感。我们面对不同性格的人时，应因人而异。如果面对的是个性比较开朗的人，则可以适当地开玩笑，活跃气氛；如果面对的是比较敏感的人，则不宜开玩笑，否则有可能会伤害对方。另外，对女性，开玩笑要适度；而对于老人，开玩笑时应给予对方尊重。总之，开玩笑需要在不伤害对方自尊心的前提下，开玩笑的目的是营造出轻松愉快的谈话氛围。

3.考虑对方的情绪

你在同对方开玩笑的时候，还需要考虑到对方的情绪。如果对方正处于情绪低落，或者正处于极度悲伤的时候，那么你就不应该同他开玩笑，否则别人会以为你在幸灾乐祸。开玩笑的时机是在双方心情都保持愉悦的情况下，或者双方之间出现了点小矛盾，你可以通过开玩笑使对方心情有所好转。

4.内容健康、情调高雅

同他人开玩笑的时候，应选择健康、情调高雅的内容。尤其你在面对他人的时候，切忌拿对方的缺陷来开玩笑，把自己的快乐建立在别人的痛苦之上。还要避免开庸俗无聊、极其低级趣味的玩笑，开玩笑的内容应是健康、情调高雅的，能够启迪人、教育人，使你们在欢笑之余，还能够让对方从中学到更多的东西。因此，你一定要记住：开玩笑也需要合适的场合、合适的环境，面对合适的对象，这样才能使玩笑发挥出更大的作用，进而助你建立融洽的人际关系。

# 第6章 用心倾听，无声之中聚集你的人气

生活中，我们要学会倾听，把说话的权利让给别人，这是我们学会人际沟通的第一步。这是因为倾听使我们可以与周围的人保持接触，与他人友好地进行交流、沟通。当我们在沉默中用心倾听的时候，在无声之中，会聚集我们的人气，从而令我们成功地赢得他人的好感。

## 倾听有道，方能无声胜有声

子曰："由，诲女，知之乎？知之为知之，不知为不知，是知也。"生活中的每个人，对于文化知识和其他社会知识，都应该保持虚心的态度，随时倾听他人的意见和观点，这样，你才能掌握更多的有用信息，也才能"言之有物"。说话就像是倒水，必须是壶里有水才能倒出货来。交际也是一样的道理，不善于倾听他人的意见，又怎会肚里有货呢？肚里空空如也，又怎会"言之有物"呢？在日常生活中，经常遇到一些拒绝倾听但又不懂装懂的人，他们在说话的时候，就连那些极为单纯的事情，都要咬文嚼字地卖弄一番，看似精通大道理，实际上什么都不懂，却又不善于倾听。

战国时的张仪为推行"连横"立下了汗马功劳，被誉为有"三寸不烂之舌"。他之所以能所向披靡，一个重要因素是他在说话的时候能够把自己所倾听而来的知识融入其中，言之有物，讲话内容充实具体。在倾听别人的谈话时，他充分了解了各国的形势和军事力量，了解了各国国君和将士的心理，从而对自己的游说目标更加明确，使被劝说者心悦诚服。

通过倾听，张仪掌握了各国国君和将士们的心理，再加上自己丰富的学识，使自己的谈话言之有物，讲话内容也充实具体，所以才能够成功说服各国推行"连横"，为推行"连横"立下了汗马功劳。

此外，在倾听过程中，我们还需要注重身体语言的反馈，比如眼神的交流。许多人认为倾听就是凭借听觉器官接受言语信息，其实，他们都忽略了倾听中最关键的部分，那就是眼神交流。适当的眼神交流意味着你正在认真地倾听，且能够体会到诉说者的内心情感，这会让诉说者倍感尊重。

周末，小雨和小红坐在咖啡厅聊天，小雨兴奋地说："那天，我回了老家，你猜我看见谁了？"然而，小红却盯着手机看信息，小雨只好自问自答："我看见了初恋情人啊，我真没有想到能够遇到他，他好像长高了，也长帅了……"小红视线离开了手机，却又转移到邻桌那帅哥身上了，小雨没好气地说："你到底有没有听我说话啊？""有啊，你继续说吧。"小红回过头来，可小雨已经没有说下去的欲望了。

倾听中的眼神交流会让诉说者倍感尊重与关注，而大量研究表明，每个人都喜欢和尊重自己谈话的人交流。

1.眼神的"三角形法则"

在倾听过程中，保持"三角形法则"，就是当你倾听时，看着对方的一只眼睛，过5秒钟，视线移向另一侧眼睛，再过5秒钟，视线移向嘴，以此保持三角形的路线移动。

当你听对方讲话的时候，如果直直地盯着别人，会使对方不想再说下去，这样的眼神显得有些可怕。另外，不能目光呆滞，这表明心猿意马；飞眼左右或者低头不语，表现出不尊重对方；眼睛望着别人或者看着某个角落，这表示你并没有认真听对方说话。

2.用心倾听

在我们身边，每个人都是一个独特的世界，都是一道美丽的风景。要想领悟风景背后的奥秘，只有用心。倾听别人，不是用耳朵，而是用心。心若不到，满耳都是噪音。所以，我们在倾听别人说话的时候，需要用心倾听，这样，你才能获取更多的信息。

3.用脑倾听

在倾听的时候，还需要用脑，善于分析他人所说的话，判断对方真正想说的是什么，真正想要的是什么，他在话题中回避了什么，什么时候是真情流露，什么时候又是欲言又止。听对方说话，你需要通过其话语找出其心中所隐藏的内容。不喜欢思考的人是做不好听众的，因为意常在语言之外。

4.用脸倾听

有时候，同样的一句话，不同的表情会表达出不同的含义。对方在说话的时候，同时也在用表情、声调、手势诉说。而作为听者的我们，虽然没有说话，但可以从对方的眼神、嘴角、下巴获取许多信息。好的听众应该是一个积极的参与者，这时候，你就应适时以你的表情、眼神等去影响整个交流的过程。

5.用嘴倾听

作为听者的我们，自然有说话的权利，虽然，在某些时候，插话抢话会令说话者不悦，但恰到好处的插话是令人欣喜的，诸如赞同的话“对”“确实如此”“你说得太好了”“太精彩了”等，这些都能很好地提高对方作为说者的位置。

## 在他人说话时，插话有技巧

在交际中，许多人觉得既然是“听”，那就“听”好了，只需要两只耳朵就行了。不要认为听者就是一个不说半个字的沉默者，听者也是需要适时说话的，这就是倾听中的插话。插话就是听者在倾听过程中适时表达自己的想法和观点，或肯定，或赞赏，或提问，以调动说话者的情绪，让对方继续说下去。当然，插话并不是“抢话”，你所说的话应该利于说话者继续说下去，而不能打乱对方的思路，企图抢过话题自己说。灵活插话的听者会受人欢迎，而胡乱抢话的人则让人心生厌恶。通常情况下，一个高明的倾听者会在倾听过程中适时插话，以达到最佳的倾听效果。

王瑜在事业上是一个女强人，但是，感情问题是她一直以来的伤痛。结婚一年多的她并没有感受到幸福，老公的桃色新闻更是伤了她的心。回想起这些，她就禁不住流泪，一向高傲的她居然向同事诉起苦来：“他每次都这样，我都不知道该怎么办？”同事小雯关切地劝慰：“没事，您别想多了，工作这么辛苦，您可要注意身体啊！”

在现实工作中，我们常常看到许多人在听到对方的长篇大论时就开始摇头：“别说了，我都明白了。”或者当对方正说到高潮的时候，直言不讳：“我现在没空听你说这些。”不然，就是：“据我了解，事情是这样的……”一下子就抢过了话题。其实，即便在某些特定场景中，即便听者是一位领导，

也不应该以权势压人，以强势的姿态抢过他人的话题。在倾听过程中，每个人都应保持良好的风度，什么时候插话最合适，插入什么样的话，自己心中都应该有个考量，如此，才能促进一次良好的沟通。

当然，最佳的插话是“提问”，适时探问，可以让对方有兴趣继续讲下去。在倾听过程中，只是敷衍而木讷地听对方讲述也是不可取的，还需要鼓励对方继续说下去，所以，在倾听的过程中要适时地提问，以引起对方的注意和说话的欲望。另外，一个人唱独角戏的滋味真的不好受，这会让对方觉得自己没有受到足够的尊重，而且，适时的提问其实也是一种反馈的行为。

那么，在实际倾听过程中，我们该如何进行灵活插话呢？

1.“我愿意听你说话，无论你说的是什么”

有时候，对方很愿意跟你讨论某些事情，但又担心你可能对此不太感兴趣，这时，对方脸上会显露出犹豫、为难的神情，你可以趁机插话：“你能谈谈那件事吗？我不十分了解。”“我对此也是十分有兴趣的。”这时，你插话所表明的意思是“我愿意听你说话，无论你说的是什么”，如此可以消除对方的犹豫，使对方能够坚定地说下去。

2.顺势而说

当对方正说到心烦事，不能控制自己的感情时，你可以顺势而说：“你一定感到很气愤。”“你似乎有些心烦。”“你心里很难受吗？”作为听者，我们的责任是顺应对方的情绪，为他架设一条“输导管”，而不是强化对方的抑郁情绪。

3.简单概括对方所说的话

当对方急切地想让你理解他的谈话内容的时候，你可以用几句简单的话来概括对方刚说出的话。诸如“你是说……”“你的意见是……”“你想说的就是这个意思吧……”等，以此验证自己对其谈话内容的理解程度。

4.适时提问

在倾听过程中，要把握提问的时间。一般来说，当对方正在诉说事情的时候，不要打断对方的话，需要选择合适的时机再进行提问，比如，对方说完之后有片刻的沉默，这就是最好的提问时机。

# 用心倾听让自己更有魅力

善于倾听，早在古代，一些为政者就懂得了这个道理。在周朝，朝廷就设有专门的采诗官，常年巡游各地以采集民间歌谣，从中体察风俗民情，考察朝政得失。后来，唐太宗皇帝更是坚持“兼听则明、偏听则暗”，鼓励大臣谏诤，采纳良言，开创了光耀千秋的“贞观之治”。从古到今，那些刚愎自用、闭目塞听、偏听偏信的人，最终往往失道寡助，导致天怒人怨、国破身亡。在交际中，倾听他人的话，才能让自己更有魅力。或许，不少人会纳闷：自己好歹是一个人物，为什么需要倾听他人的话呢？又不是对方给自己发工资。这就是一种狭隘的想法。生活中的我们，都不是十全十美的圣人，身边每一个人的身上都有值得我们学习的独特之处。

三国时期，关羽、张飞的离去，让刘备痛心疾首，于是他决定讨伐吴国。他带领几十万大军一路披荆斩棘，杀入吴国境内。眼看吴国就要败了，在这关键时刻，孙权力排众议重新起用陆逊。刘备亲自在猇亭布列军马，直至川口，接连七百里，前后四十营寨，白天的时候，旌旗多得可以遮蔽太阳，夜晚的时候，军营发出的火光把天都照亮了。这时候，忽然细作来报说：“东吴用陆逊为大都督，总制军马。逊令诸将各守险要不出。”刘备问道：“陆逊是何人？”马良上奏说：“逊虽东吴一书生，然年幼多才，深有谋略；前袭荆州，皆系此人之诡计。”刘备立即大怒：“竖子诡计，损朕二弟，今当擒之！”便传令进兵。马良马上进谏：“陆逊之才，不亚周郎，未可轻敌。”刘备不禁失笑：“朕用兵老矣，岂反不如一黄口孺子耶！”于是亲自率领着前军，攻打诸处关津隘口。

刘备自恃用兵多年，深知兵法，他在一开始就对陆逊有了轻视之心，面对来自马良的建议，刘备拒绝倾听，不禁失笑：“朕用兵老矣，岂反不如一黄口孺子耶！”他的刚愎自用才直接导致了后来“火烧连营八百里”，自己大败于陆逊，在白帝城郁郁而终，这就是没有倾听下属建议的结果。刘备拒绝了倾听，而他那句“朕用兵老矣，岂反不如一黄口孺子耶”则是对马良的空泛说教。事实证明，那些拒绝倾听的人，他们最终都会吃亏。

很多人的潜意识里都有一种优越感，因为自己地位比别人高，年龄也比

别人大，就觉得自己比别人有经验，比别人懂得多，所以，在日常交际中，他们拒绝倾听任何人的意见。当然，我们不否认，有些人在见识、眼光、韬略上自有他的过人之处，高于常人。但在某些时候，你的一些观点、想法明明是错误的，却自认为资历很高，拒绝听取他人的意见，这样往往会铸成大错。

有这样一个寓言故事：

曾经有个小国的使者到罗马帝国，进贡了三个一模一样金碧辉煌的金人。这小国使者在进贡的同时，出了一道题目：三个金人中哪个最有价值？

对此，皇帝想了许多办法，请来珠宝匠检查，称重量，看做工，结果还是分辨不出来。怎么办呢？难道自己泱泱大国，连这个问题都解决不了？正在皇帝苦恼的时候，有一位已经卸任的老大臣说自己有办法。皇帝将使者请到大殿，老大臣胸有成竹地拿着三根稻草，插入第一个金人的耳朵里，这稻草从另外一边耳朵出来了，第二个金人的稻草从嘴巴里直接掉出来，而第三个金人，稻草插进去后掉进了肚子，什么响动都没有。

那位老大臣说："第三个金人最有价值！"这时，站在一旁的使者点头称是。

这个寓言故事给了我们这样的启示：最有价值、口才最好的人，不一定是最能说的人。上帝赋予我们两只耳朵和一个嘴巴，本来就是让我们"少说多听"。善于倾听，是一个卓越的人应具备的最基本的素质。在交际中，要想处理好与他人之间的关系，练就一副好口才，很大程度上在于自己能够保持一种倾听和沉默的态度。有时候，话说太多并不是一件好事，反而是沉默能收获更好的效果。

那么，在倾听过程中，我们应该注意哪些问题呢？

1.表现出耐心

有时候，对方的谈话通常都是与心情有关的事情，可能会比较零散或混乱。这时要耐心听完对方的话，如果你自以为是地去理解，去提出意见，就会产生不好的效果。

2.引导性提问

在倾听的过程中，可以通过引导性提问，让对方继续说你需要了解的部分。比如，"后来发生什么事情了？""为什么会出现这样的情况呢？"

3.不要随意打断对方的谈话

对方的诉说是一个自然过渡的状态，因此，在倾听时不要随意打断对方的谈话，也不要借机把谈话主题引到自己的事情上，随意加入自己的观点作评论等，这都是不尊重对方的表现。

4.不要胡乱猜测或者争着抢答

面对对方正在诉说的事情，作为听者，我们不要胡乱猜测或者争着抢答，这样会打乱对方的思路，不利于他继续说下去，应该让对方自然过渡到你需要了解的部分。

## 如何用沉默的倾听打动对方

在日常交际中，有时候，我们会成为一个失意者的听众。对于失意的诉说者来说，他们的心比较敏感，也十分脆弱，他们更需要的是关怀。在对方失意、无助的时候，假如我们能作为最忠实的倾听者给予他关怀、理解与支持，对方就会心生感激。或许，你并不是他最好的朋友，却是他最知心的朋友。

面对失意者的诉说，我们应该给予对方关怀，鼓励他或帮助他寻求解决问题的途径，这样才有助于失意者排解矛盾或宣泄感情等。倾听者作为真挚的朋友应该虚心、耐心、诚心且善意地为失意者排忧解难。

交际中，大凡得意者都有诉说的欲望，如讲述自己的光荣战绩，或者谈谈自己的成功心得，他们渴望自己的成绩被别人肯定与认同。而作为倾听者的我们，应该主动迎合得意的诉说者，拉近彼此的心理距离。

公司年会上，酒过三巡，王董事长又向别人讲起了自己的创业史，新来的同事小松并没有走开，反而把身子往前挪了挪，神情专注地听王董事长的光荣战绩：“想当年，我不过也才这般年纪，不怕吃苦，不怕遭人白眼……”“您说得对，我们这一代就是缺少不怕吃苦的精神，看来我得向您学习啊！”小松随声附和。

得意者有一种自炫心理，他们向人诉说自己的成就很大程度上是为了炫

耀，这时候我们不妨迎合他的诉说，赞赏其成就，如此，便更容易成为对方信赖的朋友。

面对失意者，或是得意者，我们该如何以沉默的倾听打动对方呢？

1.表示理解，给予支持

人们都希望自己的经历得到理解和支持，你可以在谈话中加入一些简短的语言，比如，“我理解你”“真是不幸”“你一定要坚强”等，以表示理解，这样对方就能够感受到你的关怀，并引起共鸣。

2.稳定对方情绪

有的人说起自己的伤心往事就开始情绪激动，这种情况经常出现在女性朋友身上，这时候你可以通过拥抱或者拍抚等肢体动作来稳定对方情绪。

3.给予鼓励与帮助

如果对方陷入了困境，我们可以鼓励或者帮助他寻找解决问题的途径，并提出一些合理的建议。对方说完后，我们可以让他喝一点热茶或者热牛奶、巧克力等，他需要被人关心，热的东西很容易让他重新振作起来。

4.肯定对方的成就

人们往往希望自己的成就得到肯定与赞赏，因此，我们可以在倾听时加入一些简单的语言，比如“对的”“你说得对”等，以肯定对方的成就，这样能缩短彼此之间的心理距离。

5.表现出诚意

虽然大部分人对于一些人的诉说有一种本能的反感，但是，当你决定要倾听的时候，请表现出你的诚意，不要勉强去听或装作在听，也不要随意开小差。

6.不要高姿态地点评

无论对方所说的事情在你看来多么不可思议，既然他向你诉说，就表示他信任你，所以，不要以高姿态去点评他的事情，即便你不同意他的想法，也要给予他想要的理解与肯定。

# 倾听时要学会抓住有价值的信息

沟通是双方通过语言或非语言来交流思想感情的过程，因此，在沟通过程中，不仅需要我们说话，也需要我们适当地倾听，彼此之间是否能建立有效的沟通，就在于你是否悉心倾听了。良好的倾听会为你捕捉到许多有价值的信息，而这些信息将决定你是否能较好地进行沟通。在日常交际中，说话是一个传递信息的过程，在对方说话的时候，我们要认真倾听，捕获其中有价值的信息，如此，才能与对方建立有效的沟通。但是，有的人自恃无所不能，所以在很多场合说话时刚愎自用，甚至目中无人，丝毫不理会他人的想法。他们习惯在公共场合说大话，表现得极其自负，这样的听者，无法捕获到有价值的信息，也无法与他人之间建立有效的沟通。

那么，作为听者，我们该如何倾听才能获取更多有价值的信息呢？

1.常听兼听

大多数人习惯了唯唯诺诺之声，赞美之声，尤其是领导者，他们对于下属的心声常常置若罔闻。有的领导对下属只是敷衍应付，听意见也是做做样子，这无疑会破坏上下级之间的有效沟通。所以，对于听者来说，只有常听、兼听，才能对某些事情有较为完整、科学的认识，从而作出正确的决策；而且，需要多听刺耳逆耳之言，少听唯唯诺诺之声。

2.有效筛选信息

作为听者，我们不仅需要倾听对方的话语，也需要用心倾听对方话语背后隐含的信息。同时，在听的过程中，不能将所听的照单全收，而要懂得筛选话语中的信息，将那些毫无价值的信息剔除，只采纳有价值的信息，这样，你才能了解说话者，从而与之建立有效的沟通。

# 第7章 掌控全局，获得信赖拉近关系

交际赢在沟通力，而沟通力就是一种说话策略。在这个充满竞争的时代，巧舌如簧已经不再是最有效的沟通策略，越来越多的人意识到说话要“攻心”。开口说话是一种沟通，而该说些什么话、怎么说则是我们内心所能够控制的，换句话说，我们可以凭借语言来影响他人心理，达到拓展人脉的目的。所谓“攻心”，就是深谙人心和人性的需求以及特性，用精准的语言来触碰对方最在乎的点。

## 掌控交际主动权

孙子兵法说：攻城为下，攻心为上。这是一条至高无上的原则，也是一切兵法的核心思想。其实，在日常交际中，“攻心”也是一种绝对的心理战略。沟通是口才的较量，是信息的较量，也是头脑和心理的较量。在沟通中，心理策略比比皆是，谁都想影响对方的心理，打动对方，比如，考验对方的心理承受能力，消磨对方的意志力，打破对方的心理平衡，激活对方的心理弱点等。这些沟通心理学都是针对心理的，这是源于人的一切决策和行为最终都是由人心决定的。古人对这一点早已看得透彻，所以才有“攻心为上”的古言，换言之，征服他人的心灵才是最高明的策略。

小张是公司采购部的调查员，这次他被委派到乡下调查村民的蘑菇收成情况。由于当天他处理一些事情耽误了最后一班车，而离镇上的招待所又很远，于是他不得不想办法找一户人家住一晚。但是他一连问了好几家，都被主人婉言拒绝了。对此，小张倒也能理解，毕竟谁也不愿意留一个陌生人在家里住宿。可是，天已经越来越黑了，小张决定最后再碰碰运气。

当小张再次敲开一户农家的门时，开门的是一位老大爷，只见他一脸戒备地问道：“你是谁？你有什么事吗？”

这次，小张并没有直接说自己想投宿的意思，而是说：“大爷，我听说这个村子里有几家种蘑菇的能手，听说他们对蘑菇的研究比专业的研究人员还厉害。我是公司采购部的调查员，准备调查一下他们的蘑菇收成情况，但是不知道那几家住在哪里，所以向您打听一下。”

那位老大爷听了小张的话，脸上的神情立即缓和下来：“小伙子，你进

来慢慢说吧，这天都黑了，外面黑灯瞎火的，你怎么赶路呢？”

小张连忙道谢，跟随着老大爷一起进了屋。小张看了看老大爷的屋里，不经意间发现了很多晒干的蘑菇。小张走上前去，拿了一朵蘑菇放在手里观察，发现被晒干的蘑菇色泽鲜亮，异常饱满硕大，小张不禁问道：“大爷，您可真会种蘑菇啊！您就是村里几家能手之一吧？”

老大爷听了，乐呵呵地说：“你还别说，我其他没有什么好说，我这辈子就数种蘑菇有了点成绩。”

小张不禁向老大爷竖起了大拇指：“这已经是巨大的成绩了，您种这种蘑菇有什么讲究吗？”

一个问题打开了老大爷的话匣子，这一老一少就种蘑菇的话题说开了。当然，那天晚上小张就住在了老大爷的家里。

小张并没有直接说出自己想投宿的意思，但是他希望住宿的目的最终达到了。在这里，他采用了攻心的策略。他用老大爷引以为豪的种蘑菇的本领作为话题的切入点，迅速把双方之间的感情距离缩短了，从而赢得了老大爷的好感。

1.探求对方心理所需

每个人的内心都有一些需求，或认同感，或赞美，或安慰，在不同的情境下，人们的心理需求是不同的。而因个体差异，每个人的心理所需也是不一样的。基于这样一些情况，当我们在接触对方的时候，就需要判断对方的心理所需是什么，尽可能准确地猜到对方心里在想什么，这样才能对症下药。

2.对症下药

当我们了解到对方心理所需之后，就应该对症下药。也就是说，对方心里需要什么，我们就适时说点什么，把话说到对方心坎上，把行动落到实处，这样才可以有效打动对方。比如，有的人喜欢听恭维的话，我们就适时恭维两句；有的人喜欢毛笔字，我们就根据其爱好，适时说几句关于毛笔字的话，这样就可以把话说到对方心里，达到打动对方的目的。

## 赏心悦目，打造好形象赢得他人好感

成功，对于每个人来说都是一种永恒的追求。有人说：“形象是踏上成功之路的基础。”的确，一个稳重、自信、整洁、优雅的形象，会为你在交际中赢得更多的信赖和机会，从而令你抢占先机，赢得成功。一个人想要成功，他最需要的是敢于面对一切的机遇和挑战，而此时，优秀的形象力将给对方一定的心理暗示，影响其心理，从而达到赢得他人好感的目的。法国时装设计师香奈儿说：“当你穿得邋邋遢遢时，人们注意的是你的衣服；当你的穿着无懈可击时，人们注意的是你。”其实，打造形象也需要要一点点心机，同时，需要我们略懂一些心理学，这样，我们才能凭着自己的整体形象，由眼及心地抓住对方的心理，令人赏心悦目。

在名著《聊斋志异》中有一篇《恒娘》，里面讲述了一个有趣的故事：

朱氏资质颇佳，但是，丈夫偏偏爱上了容貌远不如她的小妾。朱氏的邻居恒娘是一位中等姿色的女子，她的丈夫却不喜欢漂亮的小妾，而偏偏钟情于恒娘。于是，朱氏前去向恒娘讨教，她说：“我一直以为男人喜欢小妾，就因为她是小妾，我甚至时常想把‘妻子’这个称呼改为妾，今天才知道我错了。夫人有什么高招吗？如果可以传授的话，我愿做个弟子，拜你为师。”恒娘先是建议：“你回去以后，应该对你的男人更加放手，就是他自己来了，你也不要收容他，一个月后，我再给你出主意。”

过了一个月，朱氏去拜见恒娘，恒娘说：“现在你开始做另外一件事，回去以后，不要做任何化妆，也不要穿干净整齐的衣服，也不要涂口红，更不要洗脸漱口，只穿破鞋破裙。”朱氏回到家后，按照恒娘的话，穿着不再华丽。过了一个月，朱氏再次来到恒娘家里，恒娘说：“现在，你应该换上最美的和最好的衣服，焕然一新，早一点来找我。”于是，在恒娘的稍加打扮下，朱氏盛装而回，雍容华贵，俨然天仙化人，丈夫看了大吃一惊，不由得刮目相看。

当然，恒娘最后的总结揭开了谜底，她说：“子不闻乎，人情厌故而喜新，重难而轻易？丈夫之爱妾，非必其美也，甘其所乍获，而幸其所难遘

也。”当朱氏问“为什么要先毁之而复炫之”时，恒娘回答说：“置不留目，则似久别；忽睹艳妆，则如新至。譬贫人骤得粱肉，则视脱粟非味矣。”这简直就是一番形象心理学的论述。本来，按朱氏的处境，她需要去乞求丈夫的宠爱，可是，由于前后形象的变化给丈夫以心理暗示，最后，丈夫乖乖地回到了她的身边，这就是形象带来的心理影响力。

1.选择合适自己的服饰

交际的成功在于你要把自己推销出去，要让别人认可你、接受你，从而赢得对方的好感。而推销自己、掌控他人最有效的手段就是拥有策略的穿戴风格，你的服饰风格就是你给别人的第一印象，它可以帮你塑造一个良好的形象，让你达到赢得他人好感的目的。

虽然，一个人的相貌是自己无法决定的，但服饰完全取决于自己。俗话说：“三分长相，七分打扮。”我们的服饰装扮需要保持整洁、得体、自然的原则。另外，还需要注意细节修饰，有的人穿名牌衬衫，但从不熨烫；有的人脚穿名牌皮鞋，但从不擦干净，这些都会让你的完美形象大打折扣。

2.行为举止

一个人的动作常常将他的气质、性格表达得淋漓尽致，粗俗的行为总是令人生厌的，这就要求我们注意自己的行为举止，待人接物面带微笑，注意分寸和距离。尤其是与异性交往时，举止不可轻浮，以避免不必要的误会。

3.得体的语言

与人见面，特别是在一些正式场合，不要随便说“哎哟”“噢”之类的感叹词，这些词说多了会令人生厌。说话之前要思考，不要信口开河，否则会给人一种不诚实、不认真的感觉。另外，我们要准确、清楚地表达自己的意见，在语言表达过程中，避免使用粗俗的话语，避免尖刻、损人的谈话，也不要为了抬高自己而故意贬低他人。

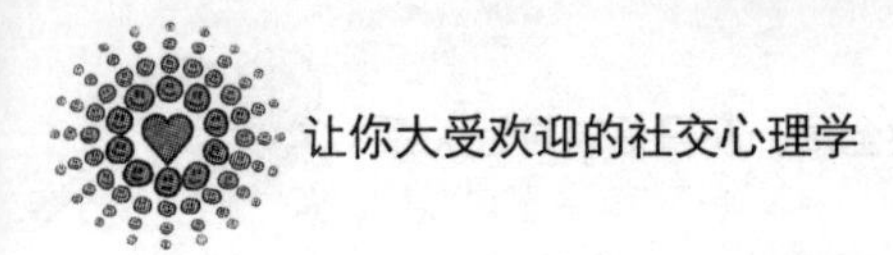


## 投其所好，制造与对方的共鸣

在日常交际中，说服对方最基本的要点之一，就是巧妙地引导对方的心理或感情，投其所好，言谈中制造出“共鸣”，这样对方便会卸下心理防备，对我们敞开心扉。如果你一味地强调自己的事情有多么重要，或者口若悬河地谈论自己的喜好，会令对方心生反感。心理学认为，如果一个人特别强调自己的事情，企图使自己占上风，对方反而会加强防范心。在日常交际中，我们需要了解对方的喜好、性格和欲望所需，揣摩其心理，投其所好，让对方感到愉悦，深信不疑。如此一来，就能够利用情趣把对方吸引住，令对方愿意对我们打开心门。所以，我们在谈论某些事情的时候，需要避免谈论自己，多多投对方所好，使对方产生一种优越感，继而影响其心理，以达到打动对方的目的。

美国的一家化妆品公司曾有一名优秀的“推销冠军”。有一天，他还是和往常一样，把公司里刚出的化妆品的功能、效用告诉顾客，然而，他所面对的女主人并没有表示出多大的兴趣。于是，他立刻闭上嘴巴，开动脑筋，并细心观察。突然，他看到女主人家阳台上摆着一盆美丽的盆栽，便说：“好漂亮的盆栽啊！平常似乎很难见到。”

“你说得没错，这是很罕见的品种。同时，它也属于吊兰的一种。它真的很美，美在那种优雅的风情。”

“确实如此。但是，它应该不便宜吧？”

“这个宝贝很昂贵的，一盆就要花700美元。”

“什么？我的天哪，700美元？那每天都要给它浇水吗？”

“是的，每天都要很细心地养育它……”女主人开始向推销员倾囊相授所有与吊兰有关的学问，而他也聚精会神地听着。最后，这位女主人一边打开钱包，一边说道：“就算是我的先生，也不会听我嘀嘀咕咕讲这么多的，而你却愿意听我说这么久，甚至还能够理解我的这番话，真的太谢谢你了。希望改天你再来听我谈兰花，好吗？”女主人爽快地接过了化妆品。

在日常交际中，“投其所好”通常被视为一个贬义词。当然，在某些时候，有的人“投其所好”是出于不可告人的目的；但如果是为了说服对方或

者求得帮助，那就是光明正大的“投其所好”。在案例中，女主人特别喜欢盆栽，而这一细微之处被推销员发现了。于是，他通过女主人的兴趣爱好愉快地展开了话题，使女主人的心情变得愉悦起来。最后，推销员也达到了自己的目的。

那么，我们在交际过程中，如何做到投其所好呢?

1.模仿对方

山田久二是日本非常有名的推销大王。他成功的秘诀就是说话看对象，见什么人说什么话，积极求同。他不仅模仿对方的口音、语言、身体姿态，还依据对方的爱好、职业等特点来装扮自己，使对方感到特别亲近可靠。其实，每个人都希望他人与自己是同类人，而模仿对方无疑会给对方一种志同道合的感觉。

2.从对方的兴趣爱好说起

每个人都有自己的兴趣爱好，如果你表现出对他人的喜好很感兴趣，这会令对方的心情相当愉悦。因此，我们在谈话过程中，需要了解对方的兴趣爱好，尽可能地先从对方的兴趣爱好说起。

3.从对方得意的事情说起

每个人都渴望得到他人的尊重与认同，尤其是自己所取得的成绩。我们在求人办事的时候，不妨从对方得意的事情说起，给对方送一顶“高帽子”，他一定会乐意帮助你的。

## 让对方看到你的可“利用之处”

有的人在交际时会抱着“有事有人，无事无人”的态度，他们把他人的帮助看作是理所当然的行为，当自己的诉求得到了回应，自己的目的达到之后就不再理睬对方了。有这种心态的人大多数会被抛弃，当他再次需要对方的时候，相信是没有人愿意给予帮助的。其实，在日常交际中，人与人之间的关系是建立在互惠互利的基础之上的，没有互惠互利，就没有互信互助。鉴于人们这样的心理，当我们想要打动对方，对其有所求的时候，其实他很想知道我们是否有一定的“利用价值”，即他的效劳会不会换来一点回报。在交际的过程中，如果你的言语中透露出自己的“利用价值”，大多数情况下，对方都会乐意答应的。所以，作为提出诉求的一方，我们应该尽量展现自己的“利用价值”，以此获得他人的帮助。

今年，大学生黄东刚刚大学毕业，被分配到山东某钢铁总公司工作，由于嫌厂里工资低，他进厂不久就偷偷跑到南方打工去了。过了一段时间，他回厂里准备取走档案，正好碰上李经理。黄东本以为李经理要批评他几个月没上班，但出乎他的意料，李经理开口就说：“从国家大局讲，人才流动是大趋势，你走是对的。你们收入低，我也没有关心到你们，这是我的失职，不过，上次由于人事变动，空缺了许多职位，我就想好好栽培像你这样的年轻人，如果你愿意继续待下去，估计不出两年，你就会坐上我的位置。”接着，李经理详细介绍了公司的薪资待遇以及今后的发展，黄东听得热血沸腾。

李经理不愧是一位优秀的领导，他的一席话，使这位原本要南飞的“孔雀”留了下来。当然，说服黄东继续留下的话语中，隐藏着一定的“利用价值”，这成为黄东留下来最关键的因素。

1.表明自己的回报之心

在寻求帮助的时候，最好能让对方觉得在他以后有困难的时候你一定不会袖手旁观，这样一种互惠互利的“承诺”，会让对方觉得你还是有“利用价值”的。当然，作出的承诺就要做到，否则有可能会失去这个朋友。

2.许诺“酬谢之礼”

在向对方提出诉求的时候，我们需要顺带许诺“酬谢之礼”，这样才能让对方觉得这个忙不是白帮的，比如“事成之后，你就可以晋升为科长了”。这样一来，他能从中有所获得，满足了其欲望心理，他答应得就会异常痛快，在帮助我们时也会尽心尽力。

3.“舍不得孩子套不住狼”

如果你总是斤斤计较，或者表现得一毛不拔，一味地表示“希望你能帮助我”，但言语中一点也不涉及具体的利益，对方就有可能会心生反感：这

种吃力不讨好的事情，谁愿意干啊。因此，交际之中，有舍得才会有所获得，比如，“这事就拜托你了，我最近工作都比较忙，这个月发了工资我请你吃饭”。

4.“吃人家嘴短，拿人家手短”

一旦对待接受了一定的好处，占了人家的便宜，再想拒绝对方的请求，就不好意思开口了。所以，我们在交际的时候，需要了解对方这一心理，不妨先把好处给了，然后自然地提出自己的诉求，对方定会不好意思再拒绝。

## 换位思考，把话说到对方心坎上

在交际过程中，打动对方最基本的要点之一，就是巧妙地引导对方的心理或感情，达成心理共鸣，令彼此惺惺相惜，显得更亲近，这样对方便会卸下心理防备，从而愿意为我们敞开心门。如果你在说话的过程中总是强调自己的事情，不从对方的角度考虑问题，那么，这样很容易引起对方的反感。为什么有时候我们说话总是说不到对方心里去？这是因为我们总是站在自己的角度上思考问题，所以难免会把别人的心理抛之脑后。假如我们能换位思考，站在对方的角度思考问题，那本来心理距离甚远的两个人就会突然一下子亲近了。因为有着相同的感受，我们会设身处地为他人着想，这样就能把话说到对方的心窝里。

老张是一家小店的业务员，他的工作就是拖着一车货物沿街边小店进行铺货和销售。这天，他来到了一家小店门前，可是，他还没有说一句话，店老板就冷着脸说：“你不要过来，我不会买你的货，我还没开张呢，不要来烦我。”老张笑呵呵地说：“老板，我有点累了，能不能在你店前歇口气，稍微休息一下就走。”店老板看了他一眼，无奈同意了。

歇了一会儿，老张拉起了家常：“其实我也真的不想做这个工作，每天遭人白眼，被人拒绝，日晒雨淋的，但真的是没办法，下岗半年多了，老婆最近也下岗了，生活真的是太艰难了。”老张真情实意地与老板谈起了自己的生

活，过了几分钟，老张准备收拾东西离开，店老板说话了："大哥，你还有多少钱的货？"老张回答说："大概还有五百元的货。"老板说："把货全部卖给我吧，我正愁找不到合适的货源呢。"说着，就掏出五百元，连价格、品种都没有多问。老张临走的时候，店老板说："我也是下岗不久才来做这个小店的，大家同是天涯沦落人啊！"

老张的话说到了老板的心里："我也是下岗不久才来做这个小店的，大家同是天涯沦落人啊！"一瞬间，勾起了店老板的回忆。两人在心理上距离近了，有了情感上的沟通，店老板就很容易被打动了。在交际过程中，我们需要改变对方的认识、态度，而要改变态度就要有令对方信服的意见和看法，不过，光靠这一点是不够的，关键一点是打开对方的心扉。因此，要善于揣摩对方的心理，把话说到对方心窝里，让对方感到愉悦，从而作出利于我方的一些判断。

1.将心比心

换位思考是人们的一种心理体验过程。所谓将心比心，也就是要求我们将自己的内心世界，比如情感体验、思维方式等与对方联系起来，站在对方的立场上体验和思考问题，从而在情感上与他人取得沟通，增进理解，使自己所说的话、所做的事情，能够打动对方。

2.多一分宽容

换位思考是融洽人与人之间关系的最佳润滑剂。每个人身上都会有这样的特点，那就是总是站在自己的角度去思考问题。如果我们能换一个角度，适当站在他人的立场去思考问题，就会多一些理解和宽容，从而改善和拉近与他人之间的关系。这一切其实都是"换位思考"所产生的宽容。

# 第8章
# 以退为进巧装傻，学会糊涂让你赢得人心

有一门学问，被称之为糊涂学。糊涂学里指出：“人生难得糊涂，贵在糊涂，乐在糊涂，成在糊涂。”糊涂学不同于人们常常挂在嘴边的“精明”，它独辟蹊径，以独特的眼光审视着这个处处充满诱惑的世界，以特有的大智慧去拥抱人生，以固有的方法去展开生命。在日常交际中，要以退为进巧装傻，糊涂一点反而会让你赢得人心。

## 交际场上“太精明”反而遭排挤

老子说：“大巧若拙，大辩若讷。”意思就是说，那些大智慧的人、真正有本事的人，虽然有丰厚的才华学识，但平时像呆子，从来不自作聪明；有的人虽然能言善辩，但表现得就好像不会说话一样。早在几千年以前，老子就一语道破了智慧人生的玄机，那就是我们无论处于一个什么样的位置，锋芒必不可露，不要太精明，否则，会遭排挤。一个人有绝顶的聪明，有满腹才华，这固然是好事，但只有在合适的时机运用才华而不被或少被人所妒忌，避免功高盖主，才是最大的才华。人们常常用“精明”这样的华丽字眼儿来形容一个人的智慧，实际上，“精明”是个值得玩味的词，它虽然透露出“智慧”，但也隐含着“不稳重、浮躁、爱表现”的意思，所以，有时候精明也是一个贬义词。

我们常说智慧人生，这里就不能不涉及精明和智慧。虽然，在很多时候，我们喜欢把精明与智慧混为一谈，但实际上，精明和智慧是两回事，精明是一种生存的能力，而智慧则是一种生存的境界。在日常交际中，若是表现得太过精明，就会遭人嫉恨，或许我们正得意的时候，恰是对方陷害我们之时。

1.谨言慎行

真正的聪明人，是不会随便显露自己的精明的，他给人的感觉甚至是愚蠢笨拙的，表现得既谦虚又谨慎。有人认为谦虚或谨慎是一种消极的人生态度，实际上，倘若一个人能够谦虚诚恳地对待他人，就会赢得他人的好感；如果他能够谨言慎行，还有可能赢得他人的尊重。所以，做一个大智若愚的人，深藏自己的智慧，才是人生至善至美的境界。

2.精明外露，只会带来灾难

一个拥有大智慧的人，从来不会到处炫耀自己的聪明和才华，因为他懂得更好地保护自己，这样的人才是真正有智慧的人。有人说，聪明伶俐，人见人爱！其实并不是这样，那些到处显露聪明的人实际上并没有受到人们的喜欢，相反，他们会处处受到排挤，最后郁郁不得志。

我们深究其原因，那就是他们锋芒太露，太过张扬，从来不掩饰自己的聪明，甚至为了表现自己的聪明才智而常常口若悬河、直抒胸臆，丝毫不考虑别人的感受；或者毫不留情地当面指出对方的错误，不给对方一个台阶下。也许，他们表现自己时是得意的，但随后就会沦落为失意者。因为他们自以为很精明的行为，无形之中给自己人生路上设置了莫大的阻碍，还会因为抢了人家的风头而招人妒忌。有的人因为太过精明而阻碍了自己的前程，也有的人因为太过精明而招来了杀身之祸。

3.装得糊涂一点

郑板桥说“聪明难，糊涂更难”。其实，糊涂更需要智慧，所以，“难得糊涂”实际上就是难得智慧。生活中，我们每个人都想做一个精明的人，更是处处展现着自己的聪明才智，殊不知，“聪明外露就是不聪明”。有人说：“精明人能装得不让人觉得聪明，那才是真聪明。”那些表面上精明的人，人们是不喜欢的，精明并不是坏事，但外露了，就是坏事了，因为会招人嫉妒，还会得罪人。所以，在交际场上，别太精明，这样才能小心地保护自己。

## 学会隐藏情绪，不要表现得很计较

在交际中，我们要学会隐藏自己的情绪，不能把情绪写在脸上，更不能表现得斤斤计较，否则对于我们的交际是很不利的。有时候，我们习惯于瞪大眼睛去看别人，去看这个世界，把任何一件事情、一个人都看得透彻，眼睛里容不得半粒沙子，这样无疑是自寻烦恼，也会令身边的人心生厌恶之感。人生在世，更需要“睁一只眼闭一只眼”，遇到小事不妨巧装糊涂，别斤斤计较，也不要把自己的情绪表现在脸上，该忍的时候就忍，退一步是为了更好地前进，偶尔受点委屈也不要紧。这是一种宽以待人的处世之道，更是一种人生的境界。

周有光先生，著名的语言文字学家，做客央视的“小崔说事”时，老人已经102岁了，依然思路清晰，中气十足，精神矍铄。周老先生一直奉行随遇而安的养生之道，他认为，任何时候都要乐观，遇到不顺利的事情，不要失望。他佩服古人的胸怀，对“猝然临之而不惊，无故加之而不怒”的警句，更是躬身实行。“文革”中各种罪名无端加到他身上，但他从不生气、不惊慌，并说“这是在考验我们的涵养功夫”“不要用别人的错误来惩罚自己”。无论在多么艰苦的条件下，他都不消极、不绝望、不哀叹命运不公，总能在生活中找到“好玩”的事情以滋补自己的心灵，不被那些随处可见的不爽的行为所淹没、所左右。正因为如此，周老那么大年纪，还活力十足。

渡边淳一曾在《钝感力》一书里说道：钝感力也是一种养生智慧，钝感力就是引导人“不要因为一些琐碎小事郁郁寡欢，而应该以积极开朗、从容淡定的态度对待生活”“就是不能对所有事物都敏感，不能百分之一百地接受任何事物”。这里所说的钝感力也就是我们经常说的“难得糊涂”，隐藏自己的情绪，不计较小事。这样看来，周老先生所奉行的随遇而安的养生之道，与渡边淳一提倡的钝感力可谓是不谋而合。

星期天，孟娜和女友一起去逛街，却在卡拉OK门口看见了老公的车。孟娜觉得很疑惑，忍不住从包里拿出手机，给老公打了个电话，电话里老公的声音压得很低：“什么事呢？老婆，逛街辛苦吗？我还在公司加班呢，真是苦命啊，哎，老板来了，我挂电话了啊，你尽情逛街吧，没钱了就刷我的银行卡。”孟娜还没有来得及说一句话，老公就挂断了电话。孟娜心里暗暗发笑，女友为孟娜打抱不平：“明明在卡拉OK，还说自己在加班，男人的话真是不能相信，进去抓他个现行，看他怎么说。”孟娜想了想，觉得这样当场冲进去有些不妥当，就拉着女友走了。

过了一个星期，孟娜和老公坐在家里看电视，孟娜突然想起了那件事情，忍不住说：“上个星期天你在卡拉OK吧？”老公一惊：“你怎么知

道？”孟娜诡秘地笑：“我就在你车子旁边给你打的电话，没事，只是比较担心你而已，下次请不要这样欺骗我。”老公心怀内疚地抱着孟娜。

有人说：“恋爱时要睁大双眼找对方的毛病，结婚后则要睁一只眼、闭一只眼。”年轻男女在热恋时，为了取悦对方，都会做得尽善尽美。但是，步入了婚姻的殿堂后，对方的优缺点还是不难发现的。这时候，婚前与婚后的不同会让人产生一种落差感，其实，是你自己看问题的角度发生了变化。勺子总会碰锅沿，两个人在一起磕磕绊绊时，我们需要把自己的情绪隐藏起来，不要表现得太计较，如此才能体会到婚姻的幸福感。

1.学会“睁一只眼闭一只眼”看世界

眼成双，方能看清这个世界，这不仅是器官上的对称，也是为了视觉上的平衡，假如谁故意闭上了一只眼，那就会带来许多不便之处。而比较有趣的是，在生活中有不少事情，偏偏需要我们闭上一只眼睛。打靶的时候，需要闭上眼睛，这样才能瞄准击中目标；检查视力的时候，需要闭上一只眼睛，这样才能准确地测出你另一只眼睛的视力；门上的猫眼，需要闭上一只眼睛，这样才能看清站在门外面的陌生人。人生在世，需要“睁一只眼闭一只眼”的事情实在不少，因为我们的眼睛不仅要看风景，还需要看人、看事和看这个世界。

2.人前学会隐藏自己的情绪

有时候，为了交际的需要，即便我们当场受了委屈，心怀不快，也需要学会在人前隐藏自己的情绪，而不是随意表现出来。虽然，这样的隐忍是痛苦的，但忍过之后，我们就能坦然地面对自己的心境。相反，如果你当场把情绪发泄出来，除了搞砸交际本身，其他无任何好处。

## 旁观者清，让对方当主角

在日常交际中，我们要善于让别人成为主角，而让自己成为配角。即便我们所处的位置不利，但“旁观者清”，我们的宽容和糊涂会赢得别人的欣赏与敬佩，这样一来，我们自然也就赢得了人心。反之，如果我们处处表现自

己，唯恐自己的才华被埋没，争当主角，那最终我们的结局是悲惨的。喜欢看电视或电影的人都知道，在一部电影或电视剧中，那些所谓的主角的命运往往是悲惨的，而那些配角则常常过着幸福的生活。在交际过程中，谁不想成为主角呢？但主角始终只有那么一两个，如果我们处处露风头，争当主角，只会让我们的功利心展露无遗；所以，不妨退一步，在旁边当一个默默无闻的配角，反而可能俘获观众的心。

杨修是个文学家，才思敏捷，灵巧机智，后来成为曹操的谋士，官居主簿，替曹操典领文书，办理事务。有一次，曹操造了一所后花园。落成时，曹操去观看，在园中转了一圈，临走时什么话也没有说，只在园门上写了一个“活”字。工匠们不了解其意，就去请教杨修。杨修对工匠们说，门内添“活”字，乃“阔”字也，丞相嫌你们把园门造得太宽大了。工匠们恍然大悟，于是重新建造园门。完工后再请曹操验收。曹操大喜，问道：“谁领会了我的意思?”左右回答：“多亏杨主簿赐教!”曹操虽表面上称好，而心底却很忌讳。

后来，曹操出兵汉中进攻刘备，被困在了斜谷界口，想要进兵，又被马超拒守，想收兵回朝，又害怕被蜀兵耻笑，心中正犹豫不决，碰上厨师进鸡汤。曹操见碗中有鸡肋，因而有感于怀。正沉吟间，夏侯惇入帐，禀请夜间口号。曹操随口答道：“鸡肋!鸡肋!”惇传令众官，都称“鸡肋!”行军主簿杨修见传“鸡肋”二字，便命令随行军士收拾行装，准备归程。有人报知夏侯惇。夏侯惇大惊，遂请杨修至帐中问道：“公何收拾行装?”杨修说：“从今夜的号令来看，便可以知道魏王不久便要退兵回国。鸡肋，吃起来没有肉，丢了又可惜。现在，进兵不能胜利，退兵恐人耻笑，在这里没有益处，不如早日回去，明日魏王必然班师还朝。所以先行收拾行装，免得临走时慌乱。”夏侯惇说：“您真是明白魏王的心事啊！”他也开始收拾行装。于是军寨中的诸位将领没有不准备回去的事物的。曹操得知这个情况后，传唤杨修问他，杨修用鸡肋的意义回答。曹操大怒：“你怎么敢造谣生事，动乱军心？”便喝令刀斧手将杨修推出去斩了，将他的头颅挂于辕门之外。

杨修为人恃才放荡，数犯曹操之忌，杨修之死，植根于他的聪明才智。

他本是一个绝顶聪明的人，而且才华横溢，但其才盖主，在曹操面前，处处争当主角，这就犯了曹操的大忌。曹操无意间说“鸡肋”时，本就心中苦闷，不知道该如何解脱，而杨修却做了一只出头鸟，捅破了那层薄纸，无形之中羞辱了曹操，这就是杨修之死的原因之一。

自古以来，许多将帅帝王都不喜欢臣子胜过自己，比如说乾隆皇帝。他喜欢卖弄才情，闲暇之余写点小诗，上朝时就经常出一些问题考问大臣。这时候，大臣们都装作是“糊涂虫”，明明知道那是很浅的学问，却不说破，故意冥思苦想，并请求皇帝开恩，允许“再思三日”。这时候，乾隆皇帝自己细细道来，赢得大臣的一片礼赞之声，乾隆皇帝自然是喜不自禁。但是，如果这时候哪个人做了出头鸟，在皇帝面前争当主角，那自然得不到皇帝的宠爱，反而令皇帝心生忌讳。

1.学做“糊涂虫”

在我们身边有许多可爱简单的“糊涂虫”，他们乐在糊涂之中，甘愿掩饰自己的真实想法，示人以毫无威胁之感的亲和之态。糊涂虫秉承“糊涂学”，过着快乐幸福的生活。在人生的道路上，我们要甘愿做一只什么都不知道的“糊涂虫”，而不要做处处显风头的人，因为“糊涂虫”往往比出头鸟活得长久。

避开锋芒，自显光芒，这是“糊涂虫”的美丽人生。“糊涂虫”在糊涂之间躲过了猎人的追杀，保全了自己，最终得以成就自我；而那些太过精明的人，却因为自己的聪明丢了性命，如此又何谈人生抱负？糊涂一点，你才会赢得属于自己的人生。

2.配角往往令人“同情”

所谓“旁观者清”，当我们在人前委屈的时候，虽然心中有憋屈，但在旁人看来，我们却是大智若愚，这样的人自然令人同情。不管是在小说里还是电视剧里，当一个人太过聪明，处处争着出风头、当主角，其最后的结果往往是讨人厌。在日常交际中，我们要善于把身边的人当“观众”，把他人当主角，把自己当配角，这样才能赢得观众的心。

## 适时暴露些小缺点，更能赢得倾心

据说，刺猬背上的刺可以保护自己，但柔软的腹部是致命的弱点，如果它的天敌知道了它的弱点，它的寿命就会进入倒计时……有时候，我们也会把人比作刺猬，披着伪装的外衣，小心翼翼地保护着自己，以免自己的弱点暴露，受到伤害。其实，人跟刺猬一样，都是害怕受伤的动物，都竭力保护着那些致命的弱点，不敢暴露出来，在人前显示出自己最好的一面。但是，每个人都有自己的弱点，在对手眼里，这是可以击破的缺口；而其他人眼里，自曝其短却是一种坦诚的方式。心理学家认为，适时暴露自己的缺点，会让我们更易赢得倾心。

乐乐今天和朋友去逛街，虽然她个头有1米63，在南方也不算矮了，但可"恨"的是那位朋友个头比自己还要高。乐乐为了不让人们觉得自己比她矮，硬是穿了一双高跟鞋。刚开始的时候。还没有什么，但是，一个小时以后，乐乐觉得自己的脚已经吃不消了，脚越来越痛，腿也开始觉得疼起来了。

乐乐朋友好像察觉到了她的痛苦，把她引到了一个鞋店，笑着跟她说："我看你还是买双休闲鞋吧，这样穿起来就没有那么痛苦了，像你这样的个子应该不必穿高跟鞋的。"乐乐一脸苦笑，朋友笑着说："该不会是和我比高吧？"乐乐不好意思地低下了头，朋友拉着乐乐坐了下来："咱们是这么多年的朋友，我又不会因为比你高那么一点点而看扁了你，你呀，在我心中，永远是不可替代的好姐妹。"乐乐心情很激动，她后悔自己穿高跟鞋出来逛街，同时她庆幸有这样一位朋友，因为，朋友才是自己的财富。

从乐乐的案例中，我们得到这样的启示：不要害怕自己的小缺点。如果你仅仅是为了自己的弱点和缺点而刻意逃避，或者为了自己的缺点而刻意隐藏，最后受累的是自己，受伤害的也是自己，因为你总在担心自己的缺点会不会被别人发现，这样的掩饰是痛苦的。而你的缺点还是缺点，这一点不能改变。因此，你没有必要隐藏真实的自己，让自己的缺点暴露出来，反而会赢得倾心。

小李研究生刚刚毕业就来到了这所中学，当时，在这所偏远的中学里，

小李是唯一的高学历，大多数同事都是年纪一大把的“老古董”。虽然他们有多年的教学经历，但真正的学历并不高。小李刚开始不以为然，觉得自己应该表现得更优秀一点，这样，才会受到学校领导的重视。

在学校待了一段时间，小李认识到了那一群“老古董”的力量。由于小李的清高以及所展现出来的“完美教学”模式，使得他在学校受到了排挤。不仅是“老古董”同事，甚至连学校的领导也觉得小李太难以亲近了。小李感到很难过，没想到，优秀的自己也会受到如此的待遇。于是，他决定藏起自己的才华，在教学上不时露出一些小缺点，时而向老同事请教，他还常常谦虚地说：“我一个刚毕业的学生，什么都不懂，还需要你们多多指教呢！”这样一转变，小李一下子就成为学校最受欢迎的老师，那些老同事也不再为难他，而是想办法亲近他。

适时暴露自己的缺点，无论是在朋友面前，在陌生人面前，还是在同事面前，我们都可以这样做。让人觉得你只不过是一个普通人，不具有威胁性，这样，你才会受到更多人的亲近。

1.暴露一些小缺点，展现出一个真实的自己

每个人都有弱点、强项，这是均衡的，没有必要在他人面前故意掩盖。当你大胆地暴露出自己的缺点，并不会让别人瞧不起你，而是让别人看见了一个真实的你，这并不是一件坏事。或许，你的真诚可以换来一份难得的友谊，令你获得他人的认可。有的人不敢向朋友表现自己的缺点，认为那是一件难为情的事情，事实上，当你大胆地暴露出自己的缺点时，也就意味着你战胜了内心的胆怯，这对于你来说，也是一个良好的开始。

2.有缺点的人，更容易被人亲近

在交际场合，如果你总是想方设法地掩盖自己的缺点，不敢袒露真实的自己，那么，你下意识的行为会逐渐地影响你与他人之间的关系。因为你给别人的感觉就是不够真实。人与人之间的交往是建立在真实的基础之上的，这样的真实就包括显示真实的自我。每个人都有自己的缺点，这是很正常的，在恰当的时候，需要暴露自己的缺点，让对方觉得“原来他跟我一样，也是有缺点的人”，这样一想，他自然会愿意亲近你。

3.“完美”形象会成为我们交际中的障碍

在现实生活中，许多人总想树立一个“完美”的形象，他所展现出来的全部是优点，没有缺点，自以为如此的形象可以使更多的人亲近自己，结果却出人意料。所谓“高处不胜寒”，或许，你表现出来的“完美”形象会成为你交往的障碍，更多的人，他们只愿意与一个再普通不过的人做朋友，而不愿与一个没有缺点的“圣人”做朋友。

## 平日吃点小亏，来日才能成功

人们常说：“好汉不吃眼前亏。”有些人总认为自己有着自尊和颜面，绝不能在他人面前吃亏，不能失去眼前的点点利益。其实，这样的理解是错误的，真正的好汉一定有着锐利的眼光，他所关注的是长远的根本利益。所谓平日吃点小亏，来日才能成功，如果你斤斤计较眼前利益的变化，那只会让你失去更多。只有鼠目寸光的人，才吃不得半点儿亏，他们心胸狭隘，容不得一点儿损失，所以，最终难以成就大事；而那些真正的好汉，都是高瞻远瞩的人，他们不在乎吃点眼前亏，他们视野辽阔，容纳天地于自己的心中，所以，舍小利而促成功。有时候，在眼前的只是蝇头小利，即便你千方百计地追寻，也不能铸就你的成功。与其紧紧地抓住眼前的东西，还不如把眼光放长远一点，放长线钓大鱼，这样他日才会成功。

美孚公司闻名于全世界，当时为了占据中国这个极具潜力的市场，总公司决定在上海开设油灯厂。当时的中国还比较落后，绝大多数中国人还不懂如何使用煤油灯。美孚公司的负责人在上海花了很长时间，也使出了许多招数，但都没有收到预期效果。后来，公司想出了一个决策：只要购买两斤煤油，就可以奉送刻有“请用美孚油”字样的煤油灯一盏。这个决策出来，很快取得了良好的效果。喜欢贪便宜的中国人认为，两斤油本来不贵，还可以白捡一盏价格不菲的油灯，于是，购买煤油的人越来越多。短短一年里，美孚公司就“赔”掉了80多万盏煤油灯，这对于公司来说是个不小的损失。但是，正是这

80多万盏白送出去的煤油灯，起到了广告的作用，成了美孚公司取之不竭的财源。就这样，美孚公司迅速占领了中国的“洋油”市场，而且盛销几十年，获利无穷。

美孚公司甘愿吃亏，不惜赔出去80多万盏煤油灯，这在消费者眼里是“打着灯笼找不着的好事”，于是纷纷购买煤油，谁知，自己无形中给公司做了活广告。所以，美孚公司放弃了眼前的利益而获得了长远的利益，小利变大利，利滚利，利翻利，先前看似赔本，最终却收获了高额的利润。这是一种商业中的计谋，也是每一个人需要具备智慧。

2005年胡润百万富豪榜中，严介和以125亿元的资产位列中国大陆大富豪第二。如此成功的他，在发迹之前，也做过吃亏的事情。

在1992年的时候，严介和租赁了一家濒临破产的建筑公司。但是，第一次接到的一项业务，居然是一个被承包商转包五次的建筑工程。他对那个业务进行了预测，立即傻眼了，如果自己接下了这个工程，至少亏损5万元，这完全是一个没人敢接的工程，所以才落入自己的手中。接还是不接呢？他陷入了沉思。因为自己没有后台，也没有任何关系，在建筑业这个关系错综复杂的生态圈，他只能得到这样的业务。于是，他决定接下这个业务，即使亏损也无所谓。当工程完成之后，验收部门不相信这样的亏本工程会有好的质量。但检测结果令人瞠目结舌，所有指标个个皆优。虽然，他亏损了8万元，但良好的质量为他赢来了一笔又一笔的业务，最终，他成功了。

懂得吃亏，虽然这其中有许多无奈，但其实也降低了自己的“门槛”，严介和就是利用了“欲取先予”的计谋，巧妙地做了一笔一本万利的生意。人生也是一样的，不要认为吃亏是一种损失，因为，它之后会为你谋取更多的长远利益。

1.吃亏是福

古人说：吃亏是福。吃亏从表面上说是一种损失，但从长远看来，是一种福气。当所有人都在竭力争取的时候，你选择了吃眼前亏，不仅为自己树立了良好的信誉，还会让他人对你产生莫大的好感。

2.吃亏在眼前，成功在日后

聪明人之所以选择吃眼前亏，是为了以后更好地发展，寻求更为长远的利益。虽然在很多时候，好汉是需要骨气的，不应该轻易放弃眼前的东西，但是在现实生活中，残酷的现实、生存的压力，即便再立志高远、胸怀大志，若连最基本的生活保障都没有，又何谈志向呢？吃亏，其实就是一种忍耐，一时的忍耐并不是对命运的屈服，也不是卑躬屈膝，而是对未来的一种铺垫和积累。

## 装得糊涂点，消除对方的戒备心理

巧装糊涂，也就是故意装傻充愣，以此避开尖锐问题，达到消除对方戒心的目的。很多时候，我们为了某种目的，在无对抗的条件下，会通过交往中的语言，用含蓄、间接的方式表达出一定的信息，以此模糊对方的眼睛，掩盖自己的真实想法。在日常交际中，许多话都不便于直说，这时便可以假装糊涂，故意说出一些无稽之谈，来向对方传递一定的信息。当我们假装糊涂地说“不知道”时，对方肯定会心生疑惑：难道他真的不知道吗？这时我们再解释几句，通常就可以迷惑对方的眼睛了。通过大量事实证明，装糊涂比直言快语更能凸显出表达效果，因为它所表现出来的婉转曲折，既巧妙传达了自己的意思，又很好地保全了自己。

在一个中秋佳节，乾隆皇帝在御花园召集群臣赏月。他一时兴起提出要与纪晓岚对句集联，以增雅兴。一向自恃才高八斗、文思敏捷的乾隆先出了上联：玉帝行兵，风刀雨剑云旗雷鼓天为阵。出完了上联，乾隆踌躇满志地望着纪晓岚，看他如何对下联。

纪晓岚沉思片刻，对出了下联：龙王设宴，日灯月烛山肴海酒地作盘。明眼人都看得出，纪晓岚的下联不但工整，而且气势宏大，和乾隆所出的上联相比，简直是有过之而不及。乾隆听了下联，脸色开始变了，一时间阴沉着脸。这时纪晓岚当然明白乾隆的心思，俗话说：“伴君如伴虎。”一向好胜的乾隆，怎么容得下自己所出的下联呢？看来自己不该与皇帝一比高低，弄不好

会引来杀身之祸。

面对这样的情况，纪晓岚心里也很着急，但他并非等闲之辈，只见他灵机一动，巧舌如簧：“主人贵为天子，故风雨雷电任凭驱策、傲视天下；微臣乃酒囊饭袋，故视日月山海都在筵席之中，不过肚大贪吃而已。”听到纪晓岚这一番话，乾隆刚刚消失的得意之色又显露出来，笑着对纪晓岚说道：“爱卿饭量虽好，如非学富五车之人，实不能有此大肚。”

在案例中，纪晓岚巧装糊涂，不仅表现了良好的修养，也为自己化解了一场危机。在日常交际中，当我们察觉到对方对自己有所怀疑的时候，我们就应该假装糊涂，在适当的时候，敷衍几句，打消对方对自己的猜忌和戒备心理。

在日常交际中，很多时候我们都无法直接表达自己的想法，这时候就需要假装糊涂，或说“我不知道”，或是以一脸无辜的表情看着对方，或是佯装打电话，以此来消除对方的戒备心理。

那么，在实际交际过程中，我们该如何装糊涂呢？

1.揣着明白装糊涂

很多时候，我们明白问题所在，但为了掩盖自己的真实想法，我们可以装装糊涂，将尖锐的问题抛给对方。比如，在谈到某些问题的时候，如果你不想发表什么看法，则可以反问：“这是真的吗？”

2.故意曲解成另一种意思

有时候，我们也可以装傻充愣，把大家都认为是这样的意思故意曲解成另一种意思。巧用糊涂话，能很好地化解尴尬，同时也让对方放下戒备心理。

3.委曲求全、难得糊涂

在协商无果的情况下，为了长久的目标，为了整体的利益，我们不得不委曲求全、难得糊涂。装糊涂是一种策略，当自己的条件还不具备、时机还不成熟的时候，为了达到最终目的，只有先装糊涂，以此来应付对手，打消其心中的顾虑。

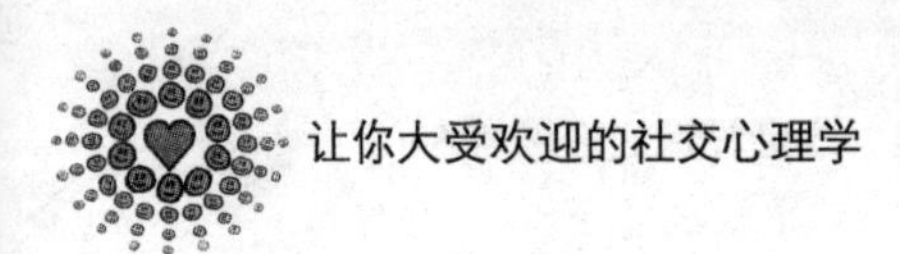


## 以柔克刚，装得弱一点获得更多帮助

我们在说话做事的时候，有时需要将自己装扮得“弱”一点，这样一来，往往会获得更多的帮助。因为每个人都有同情弱者的心理。针对这样的心理，我们可以适当放低姿态，俯首低调，赢得对方的同情与好感，掌控事情的走势。大部分人在做事时唯恐自己的势头被压过去，强烈的自尊心要求他们自己将高高的头扬起，不俯首，不装“弱”，最后的结果可想而知。

战国末期，大将王翦奉命出征。出发前，他向秦王请求赐给他大量的良田房屋。秦王感到不解，问道：“将军放心出征，何必要担心这个呢？”王翦解释说：“我想作为子孙后代的家业。”秦王听了哈哈大笑，答应了王翦的请求。等到王翦到了渲关，又派使者回朝请求良田，这样连续几次，秦王都爽快地答应了。

王翦手下的心腹很疑惑，劝阻王翦：“将军出征告捷，自然会有丰厚的赏赐，何必急在这一时呢？”王翦悄悄对心腹说：“我要的并不是良田，我要的是秦王对我的信任。现在他要把全国的军队交给我一个人统率，心中肯定会感到不安。再加上他生性比较多疑，所以我就请求赏赐，只是想让他知道我目光短浅，并没有野心！”

正所谓“水至清则无鱼，人至察则无徒”，一个人如果显得过于聪明、太过强硬，往往会引起对方的防备之心，给自己带来一些不必要的麻烦。所以，有时我们可以适当装得“弱”一点，引起对方的同情心，从而掌控事情的走势，轻松赢得对方的帮助。

1.适时“装傻”

俗话说：“聪明反被聪明误。”在做事的过程中，适当地装“弱”有时也可以理解为“装傻”，以俯首低调的姿态掌控事情的走势，从而达到自己的目的。如果你表现得太聪明，势头很强硬，反而办不成事。假如你装得“弱”一点，愚笨一点，对方或许更愿意帮助你，这样，你做起事情来反而顺利一些。

2.装弱不是示弱

装弱并不是示弱，这只是一种做事的策略，表面上的软弱很容易唤起对方的同情，达到我们掌控事情走势的目的；同时，暂时的软弱，会让我们获得更多来自对方的帮助。孟子说：“人皆有不忍人之心，先王有不忍人之心，斯有不忍人之政。”每个人都隐藏着一颗恻隐之心，天性同情弱者。真正办大事的人，往往就是利用人们的这种恻隐之心来达到自己的预期目的。

# 第9章 增进感情热度，人情关系需要持续巩固

在日常交际中，我们不仅需要有效地拓展人脉资源，还需要增进朋友之间的感情热度。感情就好像盆栽一样，不仅需要将它放在有阳光的位置，还需要浇浇水、施施肥、剪剪枝，这样它才会如之前那般美丽。

## 保全朋友面子，尊重是最好的情意

每个人都有几个好朋友，一起分享心情，畅谈人生，共叙真情。但是，一旦到了关键时刻，有的人为了争面子，往往不惜驳了朋友的面子，认为自己是最大的赢家。其实，不管在哪个场合，你与朋友都是共同体，这就表示你们是荣誉与共的。当你赢得了面子，践踏了朋友的面子，实际上你在人们面前已经丢掉了“面子”。这样的“面子”隐含着人们对你的评价，以及对你真诚的质疑，你的影响力在逐渐减弱，人们会把同情的目光转向你的朋友。假如你能够保全朋友的面子，尊重朋友，那对朋友而言则是最好的情谊。你在朋友面前稍微放低自己的位置，就一定会被朋友奉上最高的位置，这才是人生中的大智慧。因此，适当的时候，大度保全朋友的面子，这不仅是为朋友长面子，也能让彼此之间的感情升温不少。

华老是一个头发花白但很干净的老人，他瘦小驼背，无亲无故，孤零零地住在印第安纳波里斯市北区一幢整洁的木屋里。过去的21年里，他一直挨家挨户地兜售杂货，以此谋生。华老有三件事非常令人难忘：一是他从来不当自己是小贩，他总是对顾客说“我是推销员”；二是限定自己每年到每户人家的次数为3趟，他说这样不至于讨人厌，并以此说明他是一位懂规矩的推销员；三是他从不向邻居推销，每有邻居向他买东西，他就说，“我是你的街坊嘛，希望你当我是街坊，而不是站在你门口的推销员。”

在1971年2月的一天，华老离开了人世。次日，当地报纸上登出一篇有关华老的文章，其中透露了华老生前说过的一句话，就是“担心将来死了没人送终”。出乎意料的是，华老葬礼的那天，无论是男女还是老少，无论是穷人还

是富人，凡是认识华老的人都来到墓地，为他送行。

华老一直努力生存，却不至于让顾客讨厌自己，在邻居面前也一直坚守着“街坊”的角色。因为他尊重了别人，所以，他才得到了别人的尊重。后来，他离开了人世，而那句“担心将来死了没人送终”引起了人们的恻隐之心。为什么他活得那么有尊严？因为他放低了自己的身份，舍下了自尊，自然就给予了那些主动前来送终的人尊重与面子。虽然，他只是一个小小的推销员，但他的言行为自己赢得了不少朋友，因此，无论是男女还是老少，无论是穷人还是富人，只要是认识他的人都来参加他的葬礼，那是尊重换来的情谊。

阿龙和阿方是大学同学，也是一对好朋友。大四那年，阿龙一个人南下广州，经过了长达两个月的奔波，他找到了一份不错的工作，安顿好自己以后他不时联系着还在学校的阿方。阿方在学校参加各种招聘会，可每次投出去的简历都石沉大海，没有回音。阿龙让阿方去广州，把他介绍给自己的上司，阿方想了想，还是去了。到了广州，在阿龙的引荐下，阿方谋得了一个好职位，对此，阿方心里很感激。每次遇到同班同学问候自己的近况，阿方都毫不犹豫地说：“幸亏有阿龙的帮忙，我找到了一份还不错的工作，真是感谢他！”于是，班上的同学都觉得阿龙是不错的朋友，既有能力，还能够为朋友介绍不错的工作，而阿龙也觉得阿方这样说让自己在同学面前很有面子，于是在广州那边更加尽心尽力地照顾阿方，两人感情愈来愈好了。

当阿方得到了朋友的帮助，谋取了一个不错的工作后，阿方发自内心地感激，所以，在面对同学的问候时，他总是毫不犹豫地说“幸亏有阿龙的帮忙”。这种说法在某种程度既尊重了朋友，也保全了朋友的面子。结果，两个人的感情愈来愈好，而自己也在阿龙这个贵人的帮助下踏上了人生的坦途。所以，人际交往中，不要只顾及自己的面子，还要学会给朋友面子。

1.给朋友面子

在日常生活中，我们或多或少都会得到朋友的一些恩惠，比如，朋友给予我们的关怀、帮助等。这时候，我们要敢于舍下自己的面子，让朋友面子上有光。如果你依靠朋友的关系找到了一份好工作，在人前你大可以说“真是托某某的福气，我现在工作很好”，这样就巧妙地为朋友长了面子。假如你心里不愿意承认自己是依靠朋友的帮忙才找到工作，还死要面子地说“我都是靠自己的实力才进了这个公司”，那么既会让身边的人看透你的虚伪，也会让你失去一个好朋友。

2.尊重朋友，放下自己的面子

在朋友面前，面子是可以稍微地减少点分量的，你只有放下了自己的面子，尊重朋友，才会获得真正的友谊。放低自己的姿态，是为了抬高别人，当朋友感觉脸上有光的时候，他也会更加感激你的情谊。人与人之间是相互的，今天你愿意为朋友舍下面子，他日朋友也会为你舍下面子，只有懂得给予才会有所获得，这是一个绝对的真理。

## 关键时刻帮朋友打圆场，令其不胜感激

在日常交际中，我们的朋友有可能因为固执己见而与人争论不休，或因一句不适当的话而陷入尴尬场景，或因突发状况而形成难堪情境……这时，局面陷入僵持，难以缓和的气氛横亘在交流双方之间，整个场面就如同冰山一般冷掉了。这时候，作为朋友的我们需要适时地说几句话来打圆场，化解尴尬的气氛，使交流得以正常地进行下去。其实，生活中难免发生一些猝不及防的事情，这会让朋友遭遇尴尬或不快，甚至引发不必要的麻烦，轻则令人恼心，重则在心里结下疙瘩。这时候，如果利用突发事件与语言之间的玄妙之处进行机智的解答，就会使朋友转忧为喜，同时对我们产生感激之情，也会使整个紧张气氛得以缓解、峰回路转。我们的三言两语，就可打破僵局，同时也为我们赢得朋友的情谊。

20世纪50年代，一次中国的国宴中，外宾见一盘肉汤菜中的笋片的形状是法西斯纳粹的标志的形状，感到迷惑不解，于是询问周总理。周总理一看，发现是民族图案“万”翻滚后形成的，便解释说：“这不是法西斯标志，是中国传统图案，叫‘万’字，象征福寿绵长，是对客人的良好祝愿！”接着他又风趣地说：“就算是法西斯标志也没有关系嘛！我们大家一齐来消灭法西斯，把

它吃掉！”听了这机智巧妙的解说，宾主哈哈大笑，气氛更加友好热烈，这道汤菜很快被吃了个精光。

由于中国传统图案“万”字符与法西斯的标志相似，造成了尴尬的局面，在外事交际活动中，出现这样的事情当然令宾主都很不悦。这时候，随机应变的周总理将严肃问题诙谐化，解释了“万”字符，还号召大家吃掉“法西斯”，简单的几句话打破了僵局，也令尴尬的气氛活跃起来，同时也令他赢得了外国友人的敬佩。

有一次，小娜和几个同事一起去参加省里的业务考试，当她们走进考场时，只见阿梅的桌子上钉有三颗大钉子，且凸出很高。不难想象，这不仅会刮破衣服，同时也会影响答题的速度。阿梅一脸的怒气，要求监考老师换桌子，可监考老师说：“现在不能换，别违反考场纪律！”阿梅气得柳眉倒竖，连说：“真倒霉，不考了。”小娜见了连忙说：“有几颗钉子算什么！”阿梅说：“你说得轻松，这可是三颗钉子，躲都躲不过去呢！”小娜说：“你太幸运了，我还求之不得呢！”阿梅说：“你别拿我开心了，这么倒霉的事要让你碰上，你还能说幸运？”小娜说：“你知道这三颗钉子说明了什么吗？这叫板上钉钉！说明你今天的三科考试铁定都能过关。”阿梅听后马上转怒为喜：“借你吉言，我要是三科都及格了就请你吃饭。”结果一个月后发布成绩，阿梅果然三科都顺利过关。

本来桌子上有三颗大钉子是令人生气的，更何况还需要坐在这里考试。这时候，小娜为了打圆场，在朋友阿梅恼羞成怒的时候，将“板上钉钉”的俗语与考试联系了起来，积极地联想，冒出吉言“三科铁定都能过关”，这话正好说到了阿梅的心里，如此的解说，自然赢得了朋友的好感。

在日常交际中，如何利用三言两语打圆场呢？

1.幽默解说

在交际场合，过于严肃和枯燥的气氛往往不被人们所接受，这时候就需要用幽默的语言把它变得灵活些、有趣些。有时候，一个敏感的问题会使整个场面僵掉，甚至妨碍正常交际的进行，这时就可以通过幽默的解说将问题诙谐化，打破僵局，使交际得以顺利进行。

2.强调问题的合理性

有时候，朋友可能是因为在特定的场合做出了不合时宜、不合情理的举动，令旁人看起来很费解，导致了整个局面的僵持，这时候我们就需要找一个角度或借口，强调朋友行为的合理性，从而打破僵局，缓解气氛。

3.利用谐音巧解

有一个货车司机的车牌号码是“16444”，亲戚朋友都说这个数字不吉利，车主一下子无言以对，这时候，朋友却说“你这个号码好，可以理解为‘多拉发发发’，只要你多拉货，就一定能发财”，利用谐音巧解，打破了僵局。

4.逆向思维

面对突如其来的尴尬局面，朋友无可奈何的时候，我们可以跳出固定思维，从问题、事情的反面去思考，作出让双方都满意的解释，打破僵局。

## 包容对方，令感情更加牢固

面对朋友，要怀有一颗包容的心，这样，我们才能赢得真正的友谊。俗话说：“人非圣贤，孰能无过。”我们身边的朋友，偶尔也会犯一些小错误，尤其是这些错误涉及自己的时候，我们该怎么办呢？如果我们心里充满憎恨，总是愤愤不平，希望朋友遭到不幸或惩罚，或者与之断绝关系，那么，无形之中，我们已经失去了一个朋友。其实，朋友的相识相交并不是一蹴而就的，它往往需要一个很长的过程，就如同你播下一粒种子，需要付出一定的时间与精力，浇水、施肥、照料，种子才能发芽。

在“二战”期间，一支部队在森林中与敌军相遇，经过了一场激烈的战争之后，有两名战士与部队失去了联系，只好相依为命。两人来自同一个小镇，他们是一对好朋友，他们在森林中艰难跋涉，互相安慰，可是，十多天过去了，他们仍然没有与部队联系上。有一天，他们打死了一只鹿，他们凭着鹿肉艰难地度过了几天，也许是战争使动物都逃走或被杀光了，他们再也没看到

任何动物，他们只剩下一点鹿肉，继续前行。

这一天，两名战士在森林中与敌人相遇，经过一次激战，两人巧妙地避开了敌人。就在他们脱离危险的时候，却听到一声枪响，走在前面那个年轻战士中了一枪，幸运的是伤在了肩膀上。后面的那位士兵惶恐不安地跑过来，他害怕得语无伦次，抱着年轻战士的身体泪流不止，赶快撕下自己的衬衣将战友的伤口包扎好。那天晚上，没有受伤的战士一直念叨着母亲的名字，他们都认为自己熬不过这一关了，尽管他们十分饥饿，但谁也没有动身边的鹿肉。不过，幸运的是，第二天部队找到了他们。

30年过去了，那位受伤的战士说："我知道是谁开的那一枪，他就是我的朋友，当时在他抱住我时，我感觉到他的枪管是热的，我怎么也不明白，他为什么对我开枪。但是，当天晚上我就原谅了他，我知道他想独吞那点鹿肉，我知道他想为了母亲而活下来。在以后的30年里，我假装根本不知道这件事，也从来不提起这件事，战争太残酷了，他的母亲还是没有等到他回来，我和战友一起祭奠了他的母亲。在那一天，朋友跪下来，请求我原谅他，我没有让他继续说下去，就这样，我们做了几十年的朋友，我包容了他的错误。"

一对经历生死的朋友，他们之间的友谊是无法言说的。正因为这弥足珍贵的友谊，使得受伤的战士原谅了那位向自己开枪的朋友，他明白，他可以选择憎恨与报复，但是，这要以失去一个朋友为代价，孰轻孰重？最终，他选择了包容朋友的错误，后来，他们继续做了几十年的朋友，直到老死的那一天。其实，在战士原谅朋友的那一刻，他自己的心灵也得到了救赎，因为不再纠结于朋友的错误，他重新获得了一份轻松愉快的心境。

1.包容，会让我们重拾那段珍贵的友谊

交朋友并不是一件简单的事情，朋友对于我们而言是难得的，如果仅仅因为朋友无意之间犯下的一些小错误就失去一个朋友，那是我们的损失。因此，要学会包容朋友的错误，即使只是一句再简单不过的话，也能够为我们的友谊迎来一片蔚蓝的天空。而且，包容并不是姑息朋友的错误，而是一种理解，当朋友犯了小错误的时候，包容对方往往是最好的处理方法，这样，我们才能重拾那段珍贵的友谊。

2.包容，让友谊弥足珍贵

包容，让我们少了一分忧伤，多了一分快乐；包容，使我们少了一分仇恨，多了一分善良；包容，让我们少了一分嫉妒，多了一分真诚；包容，使我们少了一分纷争，多了一分友爱。包容朋友的错误，你将得到一个朋友；无法谅解朋友的错误，你将失去一个朋友。

俗话说："朋友多了，路好走。"有时候，我们甚至要将敌人变成朋友，既然如此，又为何抓住朋友的错误不放呢？学会谅解，学会包容朋友犯下的小错误，打动朋友的心，这样，我们的朋友才会越来越多，友谊才会越来越真。

## 亲密有间才能让关系更可靠

有的人认为，既然朋友之间无话不谈，那么自己对朋友也没有什么好保留的。他们在聊天的时候，想增加朋友之间的亲密度，于是把自己所有隐秘的事情都对朋友说了。其实，即便是最亲密的朋友，也不要凡事都告诉给对方，要给自己一片自由的空间，因为亲密有间才会让彼此之间的关系更可靠。在更多时候，正因为朋友之间保留了一部分，才会使彼此的关系更加稳固，使彼此的交往更具有吸引力。

小李个性比较外向，喜欢张扬自己，和关系不错的朋友聊天聊得愉快了，就禁不住和其他朋友分享。

当她刚踏进社会的时候，进了一家广告策划公司，居然遇到了比自己大一届的学长，虽然在学校并没有见过面，但是相同的专业让他们觉得很亲切。她与学长聊得特别来，学长为了帮助她尽快进入员工的角色，经常关心她的生活，督促她的工作情况。为了提高小李的工作进度，他还经常在下班之后留下来，耐心地为小李讲工作流程，细心地纠正她在工作中出现的错误。可是，当学长偶然听说小李把他们的聊天内容说给了其他朋友听后，他便不再和小李聊天，只是偶尔淡淡地问候。

直到现在，虽然小李看见学长还是亲切地叫一声，但是总感觉他们之间的距离越来越远，再也回不到从前。小李很后悔当初自己的行为，她没有很好地尊重学长，以致破坏了彼此之间的关系。

我们在与朋友交往的时候，需要表现出对他的充分尊重。这样的尊重不仅仅尊重朋友之间的情谊，更重要的是尊重其隐私，无论对方与你谈论了些什么，都要视为你们之间的秘密，是不可以随便向其他人说的。因为每个人的心灵都是比较娇气的，有时候你无意间的一句话，无意间表现出来的一个动作，就会伤害对方，进而影响双方之间的关系。朋友之间，适当留出一个空间，才能够让各自自由呼吸。

我们每一个人，都有自己的隐私、生活圈子，还有一些不为人知的个人经历，难以启齿的话语，这些都是需要我们自己保留的，我们只能铭记在心里，而不能把它们作为朋友之间的谈论话题。如果你毫无保留地告诉朋友，只会让朋友觉得“你是个傻瓜”，或者对方对你这些隐秘的事情根本就不感兴趣。最为关键的一点就是，万一你的朋友是个当面一套、背后一套的人呢？经过他的嘴巴把你的那些最为隐秘的事情散播得满城尽知，到时候丢失颜面的只会是你自己。而且，你在与朋友交往的时候，并不能确保你们之间能一直维持和谐的关系，不会出现任何矛盾。一旦你们之间有了矛盾，就会激起对方的报复之心，把你的那些秘密散播出去，那时你会追悔莫及。

1.尊重朋友的隐私

朋友之间最重要的就是互相尊重，不仅仅是尊重朋友，更需要尊重朋友的隐私。即便是你最好的朋友，也会有意或无意地伤害你，因此，朋友之间需要保留自己的那份自由天地，既需要为自己保留，也需要为朋友留一个自由的空间。

2.留出朋友之间的空间

在日常人际交往中，人与人之间都存在一定的心理距离，正是有这样一种距离，才使得我们的人际交往更为顺利。朋友之间也是需要保持一定距离的，既要有距离，也要保持一定的弹性。只有保持朋友之间的这种弹性美，才能使双方之间的友谊更加长久。

如何来保持朋友之间的弹性美？这就需要我们从两个方面做起：一方面，需要我们正视与朋友之间的关系，真正的朋友既不是施舍，也不是同情，而是一种绝对的信任和真诚；另一方面，我们需要与朋友之间保持一定的距离，不要凡事都干涉对方，不要主观地认为自己永远是对的，每个人都有自己的想法，我们没有资格强求对方按照自己的意图办事。

## 互诉衷肠中拉近彼此的心理距离

在日常生活中，许多人在办事时会抱着“有事有人，无事无人”的态度，需要帮忙的时候，就百般献殷勤；反之，不需要帮忙的时候，就装作不认识。其实，有这样的心态是不恰当的，长此以往，所有人都会远离你，你所能请求的只能是自己。平时多注重与对方“谈谈心”“喝喝茶”“吃吃饭”，互诉衷肠，一方面能增进彼此的感情；另一方面，还有机会表现自己的关怀。多次这样接触之后，对方一定会将你当作最知心的朋友，当你需要帮助时，他们怎么会袖手旁观呢？

公司大会上，由于上个月的工作出现了差错，作为负责人的王姐被总经理当众批评了一顿。散会后，同事们纷纷离开了会场，只留下王姐一个人在那里伤心抹泪，这位被同事公认的女强人也不过是一个柔弱的女子。

销售部的肖丽也留了下来，她坐到了王姐旁边，掏出包里的纸巾，双手递给王姐，安慰道：“王姐，你也不要气馁，你的能力大家都是知道的，这一次不过是意外，那经理说话也太狠了，一点都不顾及你也是一个女人。”一语戳中了王姐的伤心处，王姐的眼泪掉得更厉害了。肖丽拉着王姐的手，亲切地说：“你不要太伤心了，这样很伤身体的，你还要留着力气工作呢。”王姐点点头，搂着肖丽的肩膀哭了起来，不一会儿，在肖丽的开导下，王姐的情绪慢慢平复下来。

渐渐地，肖丽成了王姐的知心朋友，每次王姐遇到烦心事，总是找肖丽倾诉一番，而肖丽总是真诚地给予安慰。从此，每每肖丽遇到工作上的难题，

王姐总是主动帮忙，在王姐的帮助下，肖丽工作业绩越来越好，不久就成为销售部里一名出色的业务员。

为什么肖丽在工作上能够得到王姐的帮助？并不是她摊上了天上掉馅饼的美事，凡事都是有因果联系的。如果不是肖丽平日里多找王姐聊天，在话语中表达自己的关切之意，王姐怎么会信任她呢？其实，对于做事情，千万不能"临时抱佛脚"，没有平日的点滴关怀，哪来关键时刻的拔刀相助？所以，平日里要与朋友多谈心，增进感情，增加信任度，在聊天中适时表达自己的真切关怀，以真情打动对方，从而赢得朋友的心。

与朋友相处的过程中，我们往往是用语言交流思想，用心沟通感情。其实，朋友之间的沟通与交流不仅仅是语言，在很多时候，我们都很容易忽视耳朵的作用，那就是认真地倾听。在生活中，我们经常会接到朋友带着哭腔的电话，他们一遍遍地描述自己在感情中受到的伤害，一遍遍倾诉自己的苦恼，这时候，我们需要做的就是认真地倾听。对朋友来说，倾听是一种交流，更是一种亲近的态度；同时，它更容易打动朋友的心，因为只有倾听才能真正地走进对方的心里。

1.互相倾诉

在日常交际中，我们不仅要倾听朋友的哭诉，还需要诉说自己的一些事情，这样才能达到拉近心理距离的目的。有的人只是心不在焉地听朋友说，结果，朋友说的是什么，他完全不知情。如果我们认真地听朋友诉说，那定会有一番自己的见解，比如类似经历的感想，说出自己的一些心里话，如此，既安慰了朋友，同时也安慰了自己。这样更易增进彼此的感情，因为这是一次心灵的交流。

2.专注、认真地倾听

面对朋友的倾诉，我们除了倾听之外，还需要适时地重复朋友话语中的关键字眼。毕竟，倾听比说话更需要毅力和耐心，假如你只是埋头玩自己的手机，或者把头瞥向一边，这样无疑会打击朋友的积极性，这样的安慰也宣告失败。因为只有听懂了朋友表达的意思的人才能沟通得更好，倾听是说话的前提，先听懂朋友的心里话，再表达出自己的想法和观点，才能更好地安慰朋友。做到有效地倾听，更易拉近彼此的心理距离。

## 记住关于朋友的趣事

既然是朋友，彼此之间肯定会有一些小秘密，诸如某年某月某日，一起去了某个地方度过了愉快的一天，另外，还包括朋友的生日、朋友喜欢的东西、朋友喜欢吃的食物等，这些都是朋友之间的秘密，同时，也是维系朋友之间的纽带。如果你连朋友最爱吃的食物都不知道是什么，那么，想必你这个朋友并不太“上道”，如果被朋友无意间知道了你的大意，那么，朋友肯定会对此感到非常失望。每个人都希望自己能在他人心中占据一定的分量，即便对于朋友也是如此，千万不要认为彼此只是朋友，没有必要记住关于他的一些事情。事实恰恰相反，如果你想维持一段较为长久的友谊，则应该努力记住所有关于朋友的事。尤其是小事，事情越小，你记得越清楚，越能证明朋友在你心中的位置很重要。相反，如果你连最简单的事情都没记住，那么，朋友心里肯定会很受伤，觉得你并不在乎这段友谊，而彼此之间的关系也会逐渐疏远。所以，要想打动朋友的心，就要让朋友觉得他在你眼里很重要，而比较恰当的方法就是：努力记住所有关于朋友的趣味小事。

小王的朋友很多，更令人感到奇怪的是，他好像与每个朋友的关系都极为密切。对此，有人好奇地问道：“你是如何打动朋友的心？”小王笑呵呵地说：“其实，秘诀很简单，我总是努力地去记住关于他们的一些小事，比如，很久前的一天我们一起去餐馆吃了一顿大餐；去年夏天我们一起旅行了；前年冬天他送了我一件特别的礼物。可能，我并不知道朋友家的具体住址，但是，我能记住这些事情，那就表明他在我心里的位置很重要，自然而然地，就打动朋友了，彼此的感情也就更深了。”虽然，小王的话令人匪夷所思，但是，他确是用自己的亲身经历证明了朋友之间相处的真正秘诀。

这天，小王遇到了三年不见的老朋友，一见面，彼此寒暄几句，小王脱口而出：“好久不见了，老朋友，记得三年前，我们就是在这座城市分别的，

你走的那一天，我准备来送你的，没想到等我赶到机场，你早就走了。这一别，直到三年后的今天才相见，真是岁月匆匆啊！”那位朋友本来还觉得彼此有些生疏，但一听这话，心里感觉暖暖的，话语里也亲近了不少：“你还是这样，记性真好，很多小事情都记得清清楚楚的。”小王有些得意起来：“那当然了，我记得你最喜欢看世界杯了，读书那会儿，你翘课整整三天，就为了看那世界杯。去年冬天，你还打电话通知我看世界杯呢……”几句话过后，两人顿时找到了当年那种亲密的感觉。

小王通过记住关于朋友的一些小事来拉近朋友之间的距离，同时，让朋友感觉到自己在他心中其实占据着很重的位置。努力记住所有关于朋友的小事，虽然，这听上去很简单，真正做起来却不是一件容易的事情。毕竟，我们不仅要记住那些小事，而且要用心记，如果你只是敷衍了事，难免会张冠李戴，朋友听了心中自然会失望，彼此的关系也会疏远不少。

1.记得的事情越小，越有价值

事情越小，越有价值，当你在朋友惊诧的目光中回忆起那件小事时，他一定会忍不住惊叹：“这么小的事情，你还记得，这么多年过去了，我早已忘记了。”他会这样说，其实是因为心中洋溢着兴奋之情，没有多少人能用心来记住别人的事情，你记住了，那就向对方表明你心中一直挂念着这位朋友，如此，就能顺利打动朋友的心。

2.记住的是朋友的“好事”

朱元璋当了皇帝之后，一位旧时朋友来巴结，当他讲了一些朱元璋曾经的趣事之后，却没想到朱元璋勃然大怒，不顾旧时情谊，将那位朋友赶了出去。原来，朋友所讲的事情是朱元璋之前的丢脸之事，自然，这样的“用心”根本不讨好，反而害了自己。

记住所有关于朋友的小事，并不是指你凡事都需要记下来。比如朋友丢脸的事情就不宜记住，如果你记住了，而且在某些场合将它当作谈资说出来，那朋友面子上可就挂不住了。因此，关于朋友的事情，要多记住好事，比如让朋友脸上有光的事情，还有就是能证明彼此感情的小事，这样，我们才能真正地走进朋友心里，达到增进感情的目的。

# 第10章 运筹帷幄，懂些交际策略令你百战百胜

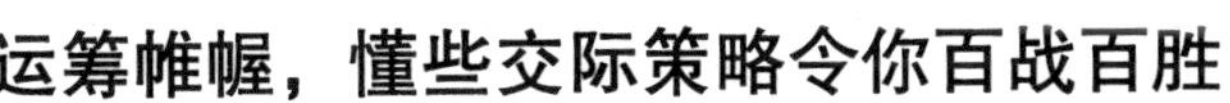

现代社会是一个竞争与合作的社会，有的人在竞争中失败，有的人在合作中成功，这其中奥妙何在？奥妙在于他们是否懂得与人打交道。人际交往的核心内容就是交际，每一位成功人士都视交际学为一门不可不精通的学问，而交际是有诸多规则、方法、技巧的，这需要我们领悟并懂得灵活运用。会交际能让你在社交中游刃有余、光彩夺目！

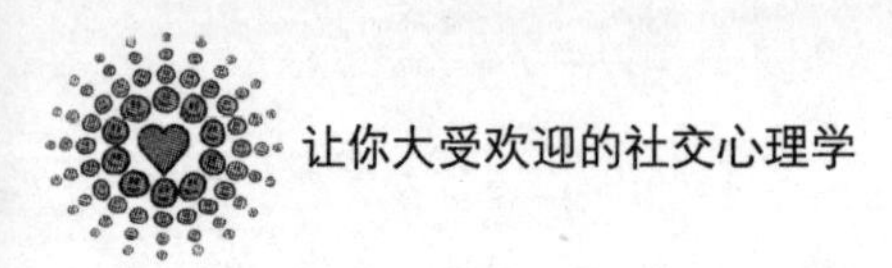


## 学会试探，不要轻易开门见山

人际交往中，人们都希望与那些坦率真诚的人交往，但同时又羡慕那些能在不显山露水间达成交际目的的人，其实，这二者并不矛盾。交际中，有着一套我们必须学会的交际策略：坦诚并不为过，但在对事态不了解的情况下，不要轻易开门见山，不妨试探一下对方。

这个世界上，人们总是能了解许多事物，却难以了解人本身。难以捉摸的是人的心理、人的需求、欲望和人的个体特征。但是，这些也并不是无法了解，前提是我们要学会试探。但就是有这样一些人，他们在说话、做事时通常不经过深思熟虑，而是直奔主题，最后却发现，这样做并没有取得预期效果，反而得罪了人，得不偿失。相反，如果采取“试探”的艺术性语言的话，就可能达到截然相反的效果。我们来看看下面的故事：

唐代贞观年间，有个著名的宰相叫魏徵，是前太子建成的信臣。李世民继位后，他仍任宰相一职。魏徵是朝中上下都敬佩的官吏。满朝文武既敬佩他的博学多才，又敬佩他的直言进谏，他因此一时名噪朝野。然而唐太宗却不相信，总想找机会试探魏徵。

有一次，魏徵进谏，太宗问道：“魏爱卿，你是忠臣还是良臣？”

魏徵就深深地低着头说：“老臣一向为国鞠躬尽瘁，往后当然也会坚守岗位，不负陛下所托。但，请陛下不要把老臣视为忠臣，就当作是良臣吧！”

唐太宗继续问道：“忠臣与良臣有何不同呢？”

“自然有所不同。所谓良臣，非但其本身可受世人称赞，而且可以为君

主带来名君的隆誉，双方都一样可以世世代代繁荣下去。但忠臣非但自己会遭受诛杀的横祸，也会令君主背上暴虐无道的罪名，国家也会灭亡，最后也许只留下‘曾经有位忠臣’的名声流传后代。由此可见，良臣与忠臣有天地之别呢！”唐太宗听后深感佩服，从此不再对魏徵有不良看法了。

唐太宗面对满朝文武对魏徵的敬佩，并没有直接说出自己的质疑，而是采取试探性的问法，以“良臣”与“忠臣”为话题，问出了魏徵的真实想法。面对太宗诚恳的问话，魏徵自然也乐意回答。

的确，任何人都明白防人之心不可无的道理，在与人交往的时候，为了保护自己，有些人甚至一言不发，更别说会向你“掏心窝子”。如若我们懂得一套试探的技巧，懂得掌握对方心理，这一愿望是可以实现的。我们可以从以下几个方面努力：

1.根据不同的交际对象，采取不同的试探方式

我们在提问前，要先对被提问者的性格、年龄、文化素养、身份等各个方面进行大致了解，因为不同的人所能接受的说话和问话方式都是不同的，我们在试探的方式上也应当有相应的变化：或单刀直入，或迂回进攻，或敞开发问，或试探而进。只有这样，才能达到目的。

2.给对方施以压力

两人问答，气氛是冷淡或是融洽，对社交的效果有很明显的影响。社交气氛可由提问的问题和方式来控制。选择问句的句式和严肃的语气，使气氛紧张，能对被提问人的心理产生压力。如审讯犯人：

“你昨晚去没去会计室？”

“去过。”

“一个人还是几个人？”

“一个人。”

“去干什么？”“偷钱。”“偷没偷？”“偷了。”

从此例可看出收到了较好的效果。

3.诱导式提问

我们来看看孟子的提问技巧：

孟子在批评齐宣王不会治国时问：

“假若一个人，把妻室儿女托付给朋友照顾，自己到楚国去了。等他回来时，妻子儿女却在挨饿受冻。对于这样的朋友，该怎么办？”

王答：“和他绝交。”

孟子说：“假若管刑罚的官吏不能管理他的部下，怎么办？”

王答：“撤掉他！”

孟子又问：“假若一个国家搞得很不好，那又该怎么办？”

王这时只好看看左右，而讲其他的了。

孟子先设两问，诱导齐宣王作出肯定的回答，然后提出应该怎样处置不会管理国家的国君，使宣王无以对答，最后服从自己的想法。

因此，我们与人交往，一定要掌握一些交际策略，在不了解事实的情况下，不要直奔主题、开门见山，同时，我们要做到有理有据，让听者心服口服，而不能是说教式或者命令式的。当然，这不仅需要有一个好的口才，还需要有一个好的态度，耐心地引导、启发对方思考，让其“不打自招”！

## 站到同一战线，共鸣拉近心理距离

我们都有这样的经历，在与一个不熟悉的人碰面时，心里对自己说得最多的一句话就是：“这个人是什么样的人，我可以和他交往吗？”的确，面对陌生人，人们总是本能地带有警惕和戒备的心理，这是人类在进化中形成的自我保护的方法之一。因此，如果你想迅速地拉近和陌生人的距离，就应该和对方站在同一战线上。

从心理学的角度看，人们在心理上，都会有一个“安全距离”，并以此为直径，为自己划定一个安全的“自我保护圈”，在这个“保护圈”内，人们会觉得很安全，只有最亲近的人才可以踏入这个安全的“保护圈”，因此，他们对亲近的人是不设防的。如果有人走进了他的“保护圈”，就可以证明他们是与他非常亲密的人。而对于陌生人来讲，当你处于他的“保护圈”之外时，

对方就不会产生警惕和戒备心理；如果你走进他的“保护圈”，对方就会感觉不安，并试图拉开你们之间的距离。但当你已成功地进入对方的“保护圈”后，则往往会令对方产生你是其亲密者的错觉。我们来看下面一例：

迈克在单位是个人缘极好的小伙子，在不到半年的时间里，就从业务员做到了业务主管的职位。有朋友问他升职的秘诀，他笑了笑说：“无论是上司还是同事，都是有情感的，无论他们遇到什么，多去体会一下他们的心情，理解他们，自然就和他站在了同一战线上，还有什么关系搞不好呢？”

有一次，迈克准备给经理送文件，却在经理办公室外听见经理的怒吼声，原来是秘书小徐忘了及时给经理办公室购买饮品。“我要你这秘书干什么吃的？这点小事都忘了？”

迈克敲门进去后，立马为秘书解围：“张总，您一天这么多事要处理，别为这点小事气坏了身体啊！对了，昨天我一个朋友从外地给我带了今年新出的碧螺春，我一会儿给你送过来尝尝？”听到迈克这样说，张经理紧皱的眉头才稍微舒缓一点。

这件事之后，秘书小徐就记下了迈克的“恩情”。在业务上，一旦有什么新消息，他都第一时间通知迈克。

迈克在事业和人际关系上一帆风顺，得益于他深知这样一个道理：人际交往中，和对方站在同一战线上，会拉近彼此间的心理距离，产生积极的交际效果。

当然，与他人建立情感共鸣不一定要经过精心策划，也不一定要谈吐深刻；它的目的甚至不一定是为了形成长久的人际关系。实际上，和街头巷尾的一个陌生人随便聊几句的快速情感交际，也能使我们一整天都感到轻松愉快。

那么，生活中的我们，该怎么做呢？

1.制造“自己人效应”

人们在交际中，往往会因为彼此间存在着某种共同之处或近似之处，从而感到相互之间更加容易接近。而这种相互接近，通常又会使交往对象之间萌生亲切感，并且更加愿意相互接近，相互体谅。这就是“自己人效应”。

所谓“自己人”，就是与自己存在着某些共同之处的人。人们对“自己

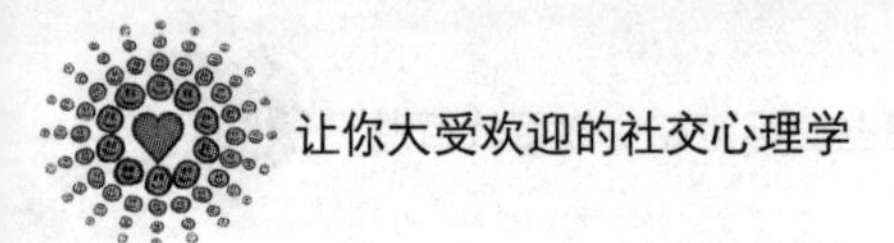


人”所说的话更信赖、更容易接受。

所以，我们要拉近与他人之间的距离，与他人“打成一片”，首先要在心理上让他人感觉到你和他都是“自己人”。

2.寻找共同话题

无论是对陌生人还是陌生的群体而言，沉默不语均被视为对这个群体的拒绝；说话太多也难以让陌生人接受，而且会让人感到害怕。而人们对那些与自己有共同话题的人，更容易产生好感。第一印象是带有根本性的。如果你能找到双方都感兴趣的话题，你就能轻松操作陌生人的心，从而轻而易举地跨过与别人之间的栅栏！

总之，无论我们使用什么方法，一旦和对方产生了心理共鸣，人与人之间的摩擦事件与心理冲突便会大大减少，从而更容易建立良好的人际关系。所以，为了使自己的热情获得他人的正面评价，有必要在交往或服务过程中积极创造条件，和对方站在同一战线上！

## 适度表达缺陷，有助拉近与对方的距离

我们在与人交往的时候，都希望展现自己最完美的一面，以此给对方留下最好的印象。但我们忽视了一点，金无足赤，人无完人，暴露点自己的小缺陷，似乎更显真诚与可爱，更有助于攻破对方的心理防线。

生活中，我们发现，那些“趋于完美”“毫无瑕疵”的完美主义者，似乎总是“曲高和寡”，并没有太多的朋友。可以说，越是苛求完美，人际关系就越差，因为这些人虽然优秀，但不可爱，会让人产生一种敬畏和猜疑心理，而不愿与之深交。在与陌生人交谈的过程中也是如此，那些表现得十分完美的人，人们往往敬而远之；相反，适度表达缺陷，可以赢得关注。

1991年9月19日，杨澜应邀主持第九届大众电视“金鹰奖”颁奖文艺晚会，在报幕退场时，不小心被台阶绊了一下，“扑通”一声滚倒在地，这意

外的洋相，使场内顿时一片哗然。然而杨澜一跃而起，笑容可掬地说：“真是人有失足、马有失蹄呀，我刚才狮子滚绣球的节目滚得还不够熟练吧？看来这次演出的台阶不那么好下哩，但台上的节目很精彩。不信，瞧他们的。”话音刚落，全场观众对她机敏的反应报以热烈掌声，有的观众还大声喊：“广州欢迎你！”

显然，这一跤，非但没有摔倒杨澜的形象，反而让广州人民领略了她身为著名主持人的可爱。虽然，杨澜并不是主动地自我暴露，而是偶然摔了一跤，但从观众的表现中，我们发现，人们更喜欢与那些有点小缺陷的人交往，更愿意亲近他们。

而实际上，一丁点儿瑕疵根本遮掩不了你本人的光辉。之所以如此说，是因为坦率地暴露缺点反而会使人对你正直、诚实的作风留下深刻的印象，而这种诚实、正直往往会转变成别人对你的信赖，你自然也就大受其益了。

有研究结果表明：对于一个德才俱佳的人来说，适当地暴露自己一些小小的缺点，不但不会有损形象，而且会使人们更加喜欢他。这就是社会心理学中的“暴露缺点效应”。“自我暴露会让别人喜欢你”，美国社会心理学家西迪尼·朱亚德通过一系列实践得出了这个结论。

犯点小错误，是增进交际双方感情的有效方法，犯错误不难，而故意犯错却是一件难事，那么，我们在故意犯错的时候，应该注意些什么呢？

1.要不露痕迹

如果让对方看出我们的是在故意犯错，不仅不能达到增进关系的目的，还会弄巧成拙，甚至引起他的忌恨，因此，我们在犯小错误的时候，要在“不知情”的情况下。

2.把握好暴露自己的度

犯一些小错，要在不伤及大局的情况下进行，对于这个度，我们要把握好。因为，“过多地暴露”或者“和盘托出”都存在风险，过度地暴露自己，很可能会让对方顺着你的思路去思考和评价你，最终导致的结果是让对方远离你。就像人们不喜欢“完美”的人一样，人们也不喜欢全身是缺点的人。

因此，提倡“自我暴露”，并不是让你把自己的“老底”都揭给对方看，不分场合和对象地将自己“暴露无遗”。比如，在职场，我们不能因小失大，不能因为讨好同事或者领导，而犯一些原则上的错误，如账目问题、工作态度问题。我们不妨选择暴露那些不会影响整体形象的“小事件”或者“小缺点”“小毛病”等，正因为这些小瑕疵的存在，我们会显得更真实，更可爱。

3.袒露自己无伤大雅的往事

比如，闲暇时候，你可以和同事闲聊自己曾经失败的事，这比谈自己成功的事更易拉近彼此间的距离。因为总是炫耀自己成功的事情容易让人产生反感，而令人留下不好的印象。这样，我们就避免了故意犯错，因为首先我们已经在态度上示弱并表示了友好，对方没有不接受的道理。

暴露自己，要达到让对方产生如“这个人有点小缺点，但是其他方面挑不出毛病来，是个相当不错的人”类似的想法这一效果。学会以上暴露自己的小技巧，我们在与难以相处的人打交道时会更有效率，而且你会发现这些人似乎不那么难以相处。与此同时，我们也提高了自己与人相处、人际交往的能力。

## 出人意料才能获得先机

人际交往中，我们发现，那些不循规蹈矩、不按常理出牌的人，总能带给人惊喜和意外，这样的人，也总是受到周围人的偏爱。正因为如此，他们在人际交往中似乎总是游刃有余，在追求成功的过程中，也总能抢占先机。因为从心理的角度看，人们都有追求快乐、逃避痛苦的心理。如果我们能给对方带来情感上的愉悦，对方也会给我们以回报。我们来看下面一例：

陈小姐到某专卖店买裤子，她很胖。专卖店的导购员一看来了一位如此“巨型”的女士，都退缩了，不愿上前为其提供服务。因为，通常情况下，为这类顾客导购，只有一个结果，那就是穿什么都不合适，即使真的合适，客户也会因为自己的体型问题拒绝购买。

但导购员小娟走上前去，精心为这位顾客挑选，这位客户试穿了很多

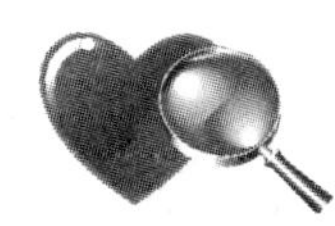

条，也没有非常满意的。正在她犹豫不决的时候，小娟说，“您在买裤子的时候，是不是很难买到合适的？”

这位顾客看了这个苗条高挑的女孩一眼，说：“是啊！”

小娟继续说：“说实话，每个女孩都有自己的苦恼，像我们这样身材太苗条的人，也很难买到腰围合适的裤子，我就经常买不到。”她边说边用双手做了个掐着自己细腰的动作，对着顾客微笑。

“是的，很多裤子我都喜欢，但有的没有小号，腰围有点大，就穿不了。”小娟这么一说，也说到了顾客的苦恼。

“对呀！以前我也在网上买过裤子，有适合的，但质量都不太好。我觉得咱们店里的裤子穿着挺舒服的，你看！”说着，她低头看自己的裤子。

很快，这位顾客对这个与自己有同样感受的导购女孩有了好感，立即决定买一条裤子。

一般苗条的导购在面对一个体型肥胖的顾客时都会望而却步。案例中的小娟非常聪明，因为她能体会到顾客的感受，她们同属于“特殊体型”的人，在穿着上都有一定的苦恼。于是，她巧妙地转移了话题，把是否买裤子的问题转移到身材太苗条的人很难买到裤子的问题上。结果，顾客自然把她当成了可以信任的人，从而愿意听从她的建议，完成购买。

那么，我们该如何做到抢占交际中的先机呢？

1.调动你的思维和智慧

我们再来看一个财富故事：

在美国乡村，有个老头和他的儿子相依为命。

一天，一个人找到老头说要将他的儿子带去城里工作，老人愤怒地拒绝了这个人的要求。这个人又说：“如果你答应我带他走，我就能让洛克菲勒的女儿成为你的儿媳，你看怎么样？”老头想了又想，终于被儿子能当“洛克菲勒的女婿”这件事情说动了。这个人精心打扮后，找到了美国首富、石油大王洛克菲勒，对他说：“尊敬的洛克菲勒先生，我想给你的女儿找个对象。”洛克菲勒说：“快滚出去吧！”这个人又说：“如果我给你女儿找的对象是世界银行的副总裁呢？”于是洛克菲勒同意了。最后，这个人找到了世界银行总裁，对他说：“尊敬的总裁先生，你应该马上任命一个副总裁！”总裁先生摇着头说：“不可能，这里这么多副总裁，我为什么还要任命一个副总裁呢？而且必须马上？”这个人说：“如果你任命的这个副总裁是洛克菲勒的女婿呢？”总裁立刻答应了。

在这个人的努力下，那个乡下小子不但娶了洛克菲勒的女儿，而且成为世界银行的副总裁。

这个财富故事说明一个道理：充分调动你的智慧，开发你的头脑，你就能做到出人意料，轻松地得到对方的认可，进而达到你的目的。

2.主动结交

主动对人友好，主动表达善意，能够使人产生受重视的感觉。主动的人往往容易令人产生好感。

3.展示自己的与众不同点

比如，人际交往时，有点奇异的小本领就能使你在人际交往中成为焦点。那些没有特别突出特点的人，就需要为自己增加一点亮点，这样才不会埋没在人群之中。

## 利益互惠，长存之道就是利益之道

生活中，我们常说“来而不往非礼也”，中国人素来就有“滴水之恩，当涌泉相报”的美好传统。人际间的关系，也正是在这种你来我往中增进的。实际上，这样的交际心理是有依据的，这就是人际交往中的“互惠原理”，它指的是交往双方的互惠互利。只有单方获得好处的人际交往是不能长久的，要双方都受益，不仅是物质的，还有精神的，所以交往双方都要讲付出和奉献。

俗话说“吃了人家的嘴软，拿了人家的手短”。当一个人得到别人的恩惠时，往往会产生一种“负债感”，心想，以后我得报答你，并且很可能会加倍回报。这种“负债感”很多情况之下都得到了社会的认同和支持。这意味着，一个人愿意把某样东西给予别人是因为他相信他并不会失去这个东西。

曾经有个“六个苹果的故事”，说的是：六个苹果，如果自己每天吃一个，那你就只吃了六个苹果。但如果你给自己只留一个，其余五个分给舍友、同学，那你就可能每天都尝到五种不同的水果。就算没有，自己也不过是吃少了几个苹果而已。

国际上也有很多例子说明了“互惠原理”的深远影响：

据资料，1985年，那时的埃塞俄比亚是世界上最多灾多难、最贫困的国家，每天都有成百上千人因疾病和饥饿死去，如果有5000美元的救灾款则可以解一下燃眉之急，但是恰恰相反，埃塞俄比亚红十字会官方决定向墨西哥捐款5000美元，用于帮助当地地震受难者。因为，在1935年，当埃塞俄比亚被意大利侵略时，是墨西哥提供了援助。很多国家也经常向周边邻国赠送大量的救灾物资和捐款，运用的也是这个原理。

《影响力》书中说道：“互惠——一个古老的原则，给予，索取……再索取。”古云“投之以桃，报之以李”，互惠原理一直都被我们所了解，但是我们并没有深刻领悟到它已经深深根植在社会文化和我们的血液中，并在极大程度上影响着我们的生活和工作。

我们可以得出一个交际界的真理：这个世界上最成功的人从来不会一味地向别人索取帮助——与之相反，他们会挖空心思寻求能够帮助别人的机会。很多善于交际的人，都有条交际原则，那就是帮助落难英雄，也就是这个道理。

因此，在现实生活中，我们要全力寻求能够帮助别人的机会，让对方产生必须回报的“负债感”，也就是“想要人助你，必先助人”。史蒂夫·鲍尔默曾经说过：“责任感，就是成就神话的土壤和条件。”

那么，我们该如何运用这一原理呢？

1.学会站在对方的立场说话

“良言一句胜过三春暖”，有时候，一句体贴的话，会即刻拉近彼此间的心理距离。站在对方立场说话，这是强化心理感受、获得心理认同感的重要方面。

2.主动结交和帮助对方

当你经营人脉的时候，最重要的就是主动帮助别人，不断地帮助别人，尽你所能地帮助别人。只有这样，你才能获得别人的信任和好感，你储存的人脉才会越来越广，他日你需要帮助的时候，这些人必当挺身而出，为你效力。

3.要不着痕迹地给对方好处

越是在不显山露水中给足对方好处和利益，对方越是感激你。因为这足以显示出你的体贴和细心。

总之，社交生活中，要想与人合作成功，我们就要懂得互惠互利；争取双赢；也不要将对手视为敌人，应视对手为问题的解决者。双方能接受的共同利益点的达成才是合作的最佳效果，才能令合作双方都成为社交的成功者。

## 给对方更多机会，令其主动败露

社交生活中，人们出于自我保护的目的，一般都有一套自我“包裹术”，往往将内心世界隐蔽起来；也有一些人，他们参加社交，可谓“来者不善”。无疑，对于这两类人，我们只有敲开对方的心门，了解其内心世界，才能将双方的交往引向良性的一面。

有时候，如果你对对方的内心世界存在怀疑，你不妨把说话的机会让给对方，让其主动败露，不打自招。因为天下没有不透风的墙，对方说得越多，就越容易露出破绽。

陈红是一名火眼金睛的面试官，从她手上通过的求职者，都必须是坦诚的，她有自己的一套“撒手锏”——她尽量鼓励面试者多说，从而从面试者的语言中识破对方的内心世界。

一次，某研究生过五关斩六将，终于到面试一关了。在回答了一系列问题之后，陈红继续问：“你上个单位给你的薪水是多少？”

这是个敏感的问题，考虑片刻后，面试者说：“一般为8000元左右，这是真的，因为上海的消费水平比较高，同时我自己的销售业绩也做得很好，公司的整体行业前景都很不错。”

结果，这名学历高的面试者被pass了。

为什么会出现这样的情况？到底哪里出了问题呢？其实很简单。因为这名面试者强调了一句“这是真的”，随后，他又急于解释8000元月收入的真实性，而他给出的是面试官不需要的一些信息，因此就透露出其语言的欺骗性。

这则案例中，面试官陈红就是从面试者所表达的信息过量察觉出他在撒谎的。通常情况下，人们在回答问题或者表达的时候，总是尽可能使话语语义信息适量，根据对方的需要提供信息，不提供不需要的信息。而信息过量则违反了这种常规，因而容易引起对方注意。说谎者之所以会表达信息过量，并不是其本意，而是一种表达失误，是为了掩饰自己的谎言。所以，一般有经验的面试官都能注意到说谎者的异常，识别其谎言。

中国人常说“听音识人”。三言两语并不能察觉出对方的内心世界，此时，我们如果能鼓励对方继续阐述自己的想法和观点，就可能根据他的语言或多或少地剖析对方的心理。比如，他说话的口气、语调足以彰显出内心的情态：对方只是三言两语就表明他不耐烦；好似退让的冷语暗示着一种责备与生气；只有听到近似可笑的话语时，那才是亲切……可见，语言确实需要我们耐心地去思考，也就是人们常说的察言观色中的“察言”，“察言”是指通过对方的言谈了解其性格、品质、情绪及其内心世界，从而摸透对方的心思。善于“察言”的确是社交的一种要强技能。但这并不是说思考研究语言就是为了“察言”，更重要的是怎样通过语言来把控人心，从而拉近心理距离，人际间的沟通也就是为了达到这个目的。

那么，我们在通过鼓励听人说话后，该如何察言呢？我们可以从以下几个方面掌握：

1.谈话过程中，自始至终把“我”挂在嘴边的人，独立心和自主性强；而经常使用“我们”的人，多见于缺乏个性、埋没于集体中、随声附和型的人。

2.从语速上的变化识别对方的心理动态。如果在你的鼓励下继续说话的对方语速突然加快，一般表示他们有愧于心或是在说谎；而如果对方语速变得迟缓，甚至变得不善言谈，往往表示其心怀不满，或者持有敌对态度。

3.那些喜欢滔滔不绝地将新鲜词汇挂在嘴边的人，未必有多高明，其实那

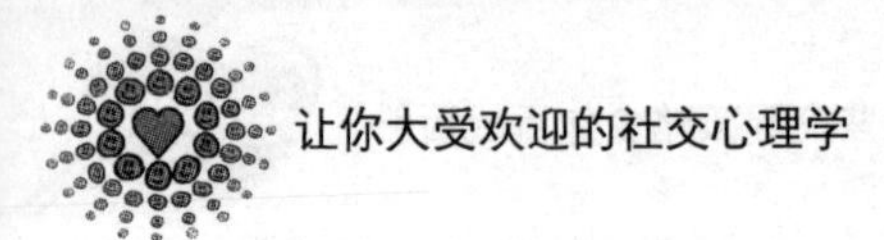


些人多是以词语作为掩饰自己内心弱点的盾牌。

4.如果对方突然提高了说话的音调，多半表示他与你意见相左，想在气势上胜过你。如果对方说话时突然语气婉转，转换说话的方式等，他要么是“图谋不轨”，要么就是想吸引别人的注意力，自我表现一番。

5.一个人语言过多，不着边际，甚至让人如坠云雾之中，其实这种情形倒反映出他们的自卑意识，他们口若悬河，不过是在掩饰自卑心理。

当然，“察言”的具体方法还有很多，某些人甚至能在语言中掩饰自己，这就需要我们更加细心地去品味、推断他们的真实意图，并结合其他因素综合把握，具体情况具体对待。只要你是一个有心人，就会逐渐拥有这种能力。

## 适时主动出击，掌握交际主动权

我们知道，人是一切社会关系的总和。人们参与人际交往的活动，是通过在交际过程中形成关于对方性格、品质、能力、社会关系的了解和判断，并相应地调整自己的交际态度和行为，从而给各自的工作、生活、感情带来正面或负面的影响。因此，对于我们每个人来说，掌握交际的主动权显得尤为重要。同时，人际交往中，是有一套交际策略值得我们每个人琢磨和学习的，这套策略也督促我们自己的交际行为从自发、放任的状态向自觉、自控的层次转变。换句话说，掌握交际主动权，做到“随心所欲不逾矩”，才能更轻松地达到我们的交际目的。

那么，怎样才能有效地掌握交际主动权呢?

1.坚持自己的交际原则

无论做人还是做事，一个人，如果他没有原则，随波逐流，那么他永远不可能获得成功。任何人都要有自己的原则，并坚持它，这样才能在做人的根本问题上不致迷惘和迷失，才能在交际中立于不败之地。我们来看下面一例：

法国电影明星阿兰·德龙有许多企业界的朋友，其中有些人想借助他的

名声来推销自己的产品，竞相出高价请他拍广告片，但他不为金钱所动，总是婉言拒绝。他对友人说，他不能降低自己的艺术品位，去做廉价的推销员；要做推销，只能推销法国。法国一家电视台请他拍一部介绍法国特产的系列片，包括波尔多的红葡萄酒、普罗旺斯的橄榄酒、诺曼底的苹果酒等，他欣然应允，在片中有不少精彩表演，迄今已有数十个国家购买了此片。

同样是拍广告，阿兰·德龙不做廉价的推销员，而愿做法兰西文化的使者，充分表明了他对自己交际形象的高品位定位以及对这一形象的珍爱和维护。

的确，我们要想被人认同，并不需要做“好好先生”“大肚佛”、和事佬，当然，也不能做冷面、冷血、冷酷者，而应善始善终，在交际良心的指导下产生的言行的凝结，它不允许他人的破坏，也不允许自己的玷污。

2.发挥交际的能动性

人与人交往，一旦相识以后，彼此间的关系就会慢慢地发生一些微妙的变化，比如，当彼此熟识之后，关系会变得平淡。因此，我们若想始终保持主动性，而不是被人牵着鼻子走，就要发挥我们的主观能动性。我们再来看看下面一例：

浩然和小飞是哥们儿，小飞最近很苦恼：他和女朋友恋爱两年了，但最近，这个大小姐总是追着他问：“你会变心吗？”前几次，小飞的回答是：“不会变，肯定不会变！不信我就死给你看。”这样说本无可厚非，但连续几次这样回答，小飞得到的回复是：“每次都是这样回答，你是不是在哪里背来的？”如今，女友闹着要分手。

浩然告诉小飞：“你的回答毫无变化，像背书一样，未免显得呆板。”之后，浩然给小飞支了一招。

后来，小飞再见到女朋友时，是这样回答的：“当然会变。”女朋友一听，非常生气，转身就要走，小飞抓住她的肩膀继续说：“爱慕一个人的年轻和美貌是很容易的事情，随着岁月的流逝，你会从一个少女变成少妇，从一个少妇变成一个老太婆。你在变，我也在变，年轻时我爱你的活力，中年时我爱你的成熟，老年时我爱你的庄重。总之，随着岁月的流逝，我会变得

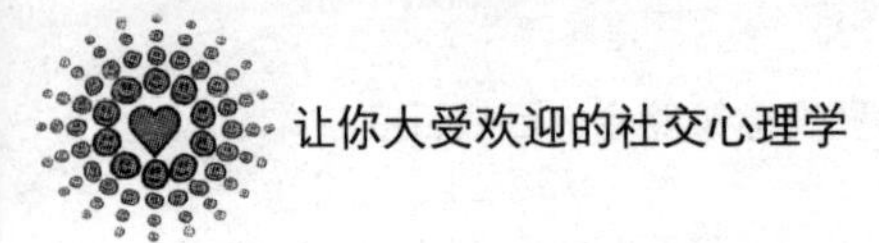


加倍地爱你。”

你说女方这时还会走吗？当然不会，自从这件事后，女朋友就对小飞死心塌地了。

案例中，小飞对恋爱中的变心不变心的问题作了别出心裁的回答，它不但不会给已经确立的关系带来不利影响，还会使得这种关系生机勃勃、趣味盎然，何乐而不为呢?

值得注意的是，交际能动性体现出来的是创造、灵活和变化，交际主体应掌握变的主动权，但这种变是在坚持交际原则性的前提下变，是基本不变中的变，是为了变得更好，而不是变坏，这样才能使充满生机与活力的人际交往更好地为我们的生活和事业服务。

3.避免交际冲动性

生活中我们不难看到这样的场景：

甲、乙两个陌生人骑单车，狭路相逢勇者胜，谁也不让谁，结果不小心撞了一下，甲马上声如炸雷：找死呀你！乙也不甘示弱：瞎了你的狗眼！一方一只拳头打过来，另一方举着双拳冲过去，结果是一场恶斗，两败俱伤。

追究起来，“祸根”不过是一些鸡毛蒜皮、芝麻绿豆之类的小事，但它会带来严重的后果，甚至不可弥补。避免交际冲动性，就是要以平常的心态对待生活中的各种刺激，在交际过程中不可丧失理智，尤其是在非原则性问题上，更应如此。

总之，人际交往中，我们要掌握交往技巧主动出击，不要盲从“病从口入，祸从口出”的错误看法，要敢于走出去，主动积极地与他人进行交往。如果被动消极地等别人与你交往，你只能处于交际中的被动地位！

## 蓄势待发，学会悄悄地养精蓄锐

在中国古代做人的艺术中，“大智若愚”常被演绎为一套内容极其丰富的韬光养晦之术。这也是人际交往中的重要策略，真正聪明的人有才不外露，

而是伺机而动，厚积薄发。尤其是当我们还羽翼未丰时，更要懂得韬光养晦术，这是保存实力、积蓄力量的重要手段。即使有大智慧、大志向，也不必昭告世人，暴露会让你成为别人进攻的“靶子”，隐晦才能帮你引开那些敌对的目光。

生活中，我们常说“山外有山，人外有人”，要知道，你的那点小本事在那些真正的高手面前只不过是小把戏，班门弄斧只会让人笑话。另外，如果你锋芒太露，也会成为别人射击的靶子。古语说“美好者不祥之器”，就是说事物过于完美必定会带来毁灭的结果，这句话告诫世人，无论求名求利都不可太完美，以防别人的嫉妒，这才是立身之本。北魏献文帝拓扑弘有个侄子叫元恭，也就是后来的节闵帝。他“装聋作哑”十二年最终登上帝位也就说明了这个道理。

孝明帝时，元义专权，肆行杀戮，元恭虽然担任常侍、给事黄门侍郎，但面对如此局势，他觉得如果继续担任此职，总有一天会大祸临头，索性装病不出来了。那时候，他一直住在龙华寺，和谁也不来往，就这样装哑巴近十二年。

后来，孝庄帝即位，也就是永安末年，有人称元恭不能说话是假，心怀叵测是真，而且老百姓中间传言他住的那个地方有天子之气。元恭听了这个消息后，又急忙“转移阵地”，逃到上洛躲起来。没过几天，他就被抓住送到了京师，关了好几天，由于皇帝抓不到什么证据，不得已又放了他。

北魏永安三年十月，尔朱兆立长广王元晔为帝，杀了孝庄帝。那时，坐镇洛阳的是尔朱世隆。他觉得元晔世系疏远，声望又不怎么高，便打算另立元恭为帝，但又担心他真的成了哑巴，于是派尔朱彦伯前去见元恭，摸清真实情况。事已至此，元恭也知道形势发生重大变化，见到尔朱彦伯后开口说：“天何言哉！”十二年的哑巴说了话，彦伯大喜。不久，元恭即位当了皇帝。

一个昔日的朝廷重臣，转眼间必须以“装聋作哑”来掩人耳目，以保证自己的生命安全，并忍受世人各种各样的眼光，这需要何等的隐忍。人生多舛，世事艰难，人生少不了逆境，少不了坎坷，少不了挫折。但你要想取得成功，就得懂得时机未到、实力不足时要低调行事，为自己争取机会，积累实力作好掩护，这样才能突破人生的逆境，走过人生的坎坷。

那么，具体来说，时机不成熟时，我们该如何做到蓄势待发呢？

1.锻炼自己的韧性

宋代著名大文学家苏东坡在评论楚汉之争时就曾说："汉高祖刘邦之所以能胜，楚霸王项羽之所以失败，关键在于是否能忍。项羽不能忍，白白浪费了自己百战百胜的勇猛；刘邦能忍，养精蓄锐、等待时机，直攻项羽弊端，最后夺取胜利。刘邦可以成大业是他懂得忍下人之言，忍个人享乐，忍一时失败，忍个人意气；而项羽气大，什么都难以容忍，不懂得'小不忍则乱大谋'的道理。大业未成身先死，可悲可叹！"女词人李清照也叹："至今思项羽，不可过江东。"

2.在低调中修炼自己，积累自己的实力

这需要你把每件任务都当成自己唯一的追求去做，不达目的绝不罢休，调动所有的储备和资源，寻求一切可能的帮助。没有这种锲而不舍的精神，你可能一辈子也做不成大事。

3.找准机会，展现自己

我们强调要养精蓄锐，火候未到、锋芒不露，但这并不等同于让你做事畏首畏尾，不敢放手施展抱负。凡事都要有"度"，张扬与内敛之间，就看你如何把握！

总之，养精蓄锐、懂得蓄势待发，无论在官场、商场还是政治军事斗争中，都是一种进可攻、退可守，看似平淡，实则高深的处世谋略！

# 第 11 章
# 深谙规则，不可逾越的交际界限

中国人常说，“家有家规，国有国法”“无规矩不成方圆”，很多不成文的规则渗透到我们生活中的方方面面，职场有职场的规矩，酒桌上有酒桌上的规矩……生活中，与人交际就像一场游戏，同样也有规则可言，如果谁不遵守这些规则，成为异己者，就会被“剔除出局”；只有深谙这些规则的人，才能在交际中游刃有余，玩转这场游戏并成为赢家！

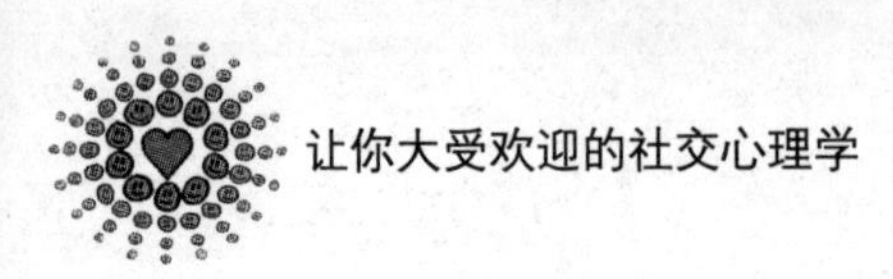


## 说好听的，逢人减岁，遇物加价

我们作为人，都长着一双爱听好话的耳朵。赞美别人是一种有效的情感投资，而且投入少、回报大，是一种非常符合经济原则的行为方式。生活中，如果我们懂得赞美别人，无论做什么事，都会事半功倍。比如，对同事的赞美，能够联络感情，愉快地合作；对上司的赞美，让上司更加赏识与重用你；对下属的赞美，能赢得下属的忠诚，换得他们的工作热情和创造精神；对商业伙伴的赞美，能赢得更多的合作机会……赞美，让你所求之人心满意足，开心地答应你所托之事。

虽然人都喜欢听赞美的话，但并非任何赞美都能使对方高兴。能引起对方好感的只能是那些基于事实并能迎合对方心理的赞美。比如，“逢物加价”与“逢人减岁”，这就是言语交际中针对人们的普遍心理而采用的两种投其所好、讨人喜欢的说话技巧。我们来分析一下这两种说话技巧是如何达到正面的赞美效果的：

1.加法——遇物加钱

逢物加价是指在品评别人所购物品时，对其价格故意高估，从而使对方高兴，求得更好的心理相容。

生活中，我们每个人都免不了购买商品。用什么样的价格购买到商品，体现了我们的精明程度。因此，有时候，即使我们买亏了，如果别人赞美你买得合理，那么，你也会心安理得，并感激对方。

打个很简单的比方，当我们买了一件物品之后，如果自己花了50 元，别人认为只需30元时，我们就会有一种失落感，觉得自己不会买东西。但当我

们花了30元，别人认为需要50元时，我们则有一种兴奋感，感觉自己很会买东西。由于这种购物心态的存在，“遇物加钱”这种说话技巧也就有了用武之地。

一个周末，小江在路上与朋友不期而遇。小江很喜欢购物，这位朋友也是，一到周末，他就出来买衣服。出于礼貌，简单地打完招呼后，小江问：“你今天买了什么衣服啊？”朋友打开衣服包装后，小江一看，是一件小皮衣，经常买衣服的他一看就知道价格，大概三百元。但小江说：“这皮衣真不错，手感也很好，最起码得六百元吧？”朋友一听笑了，高兴地说：“老兄说错了，我350元就买下啦！”

这里小江的说法就很有技巧性，他在知道朋友花了多少钱买下这套衣服的情况下故意说高衣服的价格，使对方产生成就感，当然也就使得对方高兴起来。

可见，逢物加价法很能讨得对方欢心，操作起来也很简单：对其价格高估就行了。当然，“价格高估”也需注意，一要对物价心里有底，二不能过分高估，否则就收不到好的效果了。

2.减法——逢人减岁

时光荏苒，谁都会老去，但谁又都害怕衰老，不愿过早老去。因此成年人对自己的年龄非常敏感。如一位三十出头的小伙子被看作中年人，他能自在吗？

由于成年人普遍存在这种怕老心理，所以“逢人减岁”就成了讨人喜欢的说话技巧。这种技巧特征在于把对方的年龄尽量往小处说，从而使对方觉得自己年轻，保养有方等，产生一种心理上的满足。比如，一个三十多岁的人，你说他看上去只有二十多岁，一个六十多岁的人，你说他看上去只有四五十岁，对于你这种 “美丽的错误”，对方是不会认为你缺乏眼力，对你产生反感的，相反，他会对你产生好感，形成心理相容。

这种方法对年轻女性尤其有效，屡试不爽。需要注意的是，“减岁”也应该把握一个度。这个方法适合成年人，尤其是中老年人，而对于孩子和青年男性而言应该“逢人加岁”，因为他们都有渴望成长、渴望成熟、渴望稳重的

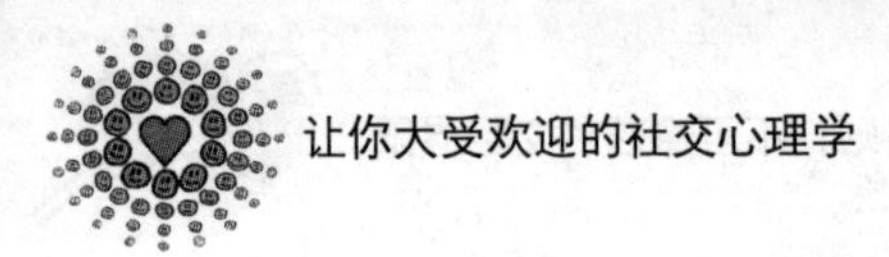


心理。

上面我们所说的言语加减法——遇物加钱，逢人减岁，其实就是一种投其所好。但是只要我们的目的光明正大，这种投其所好，于自己、于对方、于社会都无害，相反能给对方、给社会带来欢乐，至多只能说它们是“美丽的错误”“无害的阴谋”，何乐而不为呢？

生命就像一种回声，你送出去什么，它就送回什么；你播种什么，就收获什么；你给予什么，就得到什么。只要我们发自内心、掌握技巧地赞美他人，相信我们一定能收获更多的友谊、收获更多的成功，所成之事就会更多，我们的生活会因此更加美好，在成功的道路上也会少一些坎坷！

## 不必太较真，学着糊涂点

生活中，我们每天都被紧张、忙碌的生活搞得晕头转向，我们已经无暇顾及人际交往中的很多细节问题，可是，为什么我们还会为鸡毛蒜皮的事与周围的人展开“生死大战”？心灰意冷时，当我们躲在交际的人群中，毫不起眼；自惭形秽时，我们会抱怨，为什么我们没有好人缘？其实，归结起来，这是因为你太较真，太较真只会让你身心俱疲。糊涂一点，能让我们免去很多交际中的烦恼和麻烦。

孔子说：“水至清则无鱼，人至察则无徒”，无论是谁，如果沦落到了没有朋友的地步，无疑都是一种悲哀。所以，在生活中，我们应该练就一双明察秋毫的慧眼，但是在更多的时候，也要学会睁一只眼闭一只眼，难得糊涂，如此，生活中的不快自然会消失。如其不然，雪亮的眼睛非但于你的生活和事业无益，反而会招致许多不必要的烦恼。

一天，小刘在路上与同事不期而遇。小刘和同事都是歌迷，他们都刚刚欣赏完一场演唱会，兴奋不已，只是他们喜欢的歌星不一样，参加的演唱会也就不一样，但他们都迫不及待地想宣泄自己的兴奋与喜悦。

小刘开口说：“你看周杰伦的演唱会没？真是太精彩啦！”朋友说：

“我也刚看完演唱会，但不是周杰伦的，是刘德华的，简直太棒了！”小刘又说：“周杰伦的声音真特别！”朋友却说：“真是很棒！还是刘德华唱得有韵味儿！”他边说边唱起来，小刘生气地说：“我觉得刘德华都过时了，你真是老古董！”朋友更生气：“那是经典，这你都不知道？一点品位也没有！”就这样，两个人开始争吵起来。

所谓“话不投机半句多”，小刘和朋友就是因为在闲聊的过程中始终不肯让步，而导致了无谓的争论，从而破坏了朋友间的友谊。试想一下，如果他们中的一个人，试着同意对方的观点，或者退一步，对于自己不同意的部分保持缄默，也不会闹到不欢而散的地步。要知道，每个人都有自己的兴趣爱好。在人际交往中，如果我们能够尊重对方的喜好，暂时隐藏自己感兴趣的话题，则更有助于建立起良好的人际关系，让你成为一个深受欢迎的人。这就是糊涂哲学带来的积极效果。

凡事要认真，这原本没错，但是一个人一旦认真到了较真的地步，眼里丝毫不容沙子，那就是和自己过不去，到头来终究会自讨苦吃。所以，只要不是大是大非的问题，我们就没必要作无谓的坚持。换言之，即使你坚持又能怎样？对方会按照你的意志行事吗？俗话说“兔子急了也咬人”，你把别人逼得没有丝毫退路，对方除了奋力反击还能有什么选择？

法国有一句谚语：“如果无知是福，那么愚蠢就是聪明了！”这里的“愚蠢”，其实就是我们常说的“难得糊涂”。它看似愚蠢，实则是一种超越，一种睿智，一种历经沧桑的成熟，也是每个人都应该懂得的明哲保身之道。世事原来复杂、混浊，我们也应该学会用浊眼看待生活。许多事情，该装糊涂时就别让自己太清醒；许多时候，不糊涂也要让自己装装糊涂。因为太清醒了就很难保持平常心，就容易偏激，不仅无法达成自己的目标，还会招来无妄之灾。

那么，我们怎样才能做到糊涂点、不较真呢？

1.不要太把自己当回事

较真的人之所以喜欢较真，就在于他们太爱把自己当回事儿，他们总是把自己当成正义的守护神。但事情并非如此，很多事，对的并不一定是好的，好的也并不一定是合适的；世间之事也并没有绝对的是非对错，这是没法较真的，也是没必要较真的，否则就是自讨苦吃。

2.以包容之心对待他人

人非圣贤、孰能无过，如果再用放大镜去看别人的缺点，那绝大多数人肯定就是罪不容诛了。待人本该少苛求、多宽容、多理解、多尊重，求大同存小异。只有这样，我们才能够结交更多的来自五湖四海、各行各业的朋友，进而做到左右逢源、无往不利、皆大欢喜；否则人人都会对我们敬而远之，结果也就只能是使自己变得越来越孤立。

3.把握糊涂的度

这里所指的难得糊涂绝非消极，也绝非游戏人生、玩世不恭，而是指人在该装糊涂的时候就难得糊涂一回。不较真也不是一味地姑息迁就，丧失原则，而是要巧妙转换，注意方法，讲究策略，以柔克刚，在不经意间抓住有利时机，达到双赢。

## 不要总否定他人，多给点肯定得人心

生活中，有这么一种人，或是我们每个人都有这样一种习惯，对于别人所提出的方式、方法或是大大小小的解决方案，还没有弄懂人家的真实想法，就这也批评那也指责，甚至进行人身攻击式的全面否定，很明显，这些人是被排除在“人际关系良好者”之外的，甚至招人厌恶，因为人人都有渴望被肯定，憎恶被否定的心理。否定他人，无疑也就是否定了自己，因为不得人心的人通常是失败的。我们来看下面一例：

小张在一家软件公司工作，从进入公司开始，就一直在销售部工作。在一次销售大会上，同事小李谈了一些自己对当前软件销售前景的看法，并提了一些具体的建议，而这些建议与小张一向采取的销售策略和主张都是截然不同的，小张自然很生气。心直口快的小张丝毫不隐瞒自己的观点，在会上慷慨激昂地进行反驳，以他对市场调查得来的第一手资料，说得小李面红耳赤，哑口

无言。

事后，小李一直怀恨在心，慢慢地，他把小张当成了“眼中钉”。奇怪的是，小李也真神通广大，后来领导一纸调令，小张被“流放”到仓库去当管理员了。

销售大会上，小张为逞一时口舌之快，实话实说，否定了小李的观点，让小李丢了颜面，结果导致小李经常在领导面前说他心高气傲，目中无人，小张被流放的“命运”也就不足为奇了。

生活中，因为说话不给人留情面、总喜欢否定别人而给自己造成窘境的例子，随处可见。其实，通过细心观察，你会发觉也许错误在你这一边，你的观点不一定都与事实相符。即使你的观点是正确的，又如何？因为否定他人而失去了一个朋友，岂非得不偿失？用一句幽默的话说，我们要学会“与生活讲和”。在人际交往中，让步是一种常用的处理问题的方式。让步不是懦弱、失去人格的表现，而是一种修养。让步其实只是暂时的、虚拟的退却，为进一尺，有时就必须先作出退一寸的忍让，为避免吃大亏，就不应计较吃点小亏。况且，有时听取了别人的意见，反而会使自己受益无穷。

那么，与人交往的过程中，当与他人意见相左时，我们该如何作出让步呢？

1.理解别人、体贴别人

盲目地否定别人的意见，许多时候只是因为对别人的排斥。如果能够做到理解别人、体贴别人，那么就能少一分盲目。

为此，我们要善于发现别人见解的独到性，只有这样，才能多角度地看问题，那么你就会发现固定在某一个立场上。因此，无论何时都要注意，别听到不同的观点就怒不可遏。

2.大动肝火前要先考虑后果

我们每每作出一种论断，尤其是针对别人的时候，我们最好想想，自己将要给他人的这种论断有助于解决问题吗？还是火上浇油甚至雪上加霜呢？我们能不能不总是批评别人，而是多提些建设性意见呢？

3.转换说话角度，多肯定别人

行为科学中有一个著名的“保龄球效应”：两名保龄球教练分别训练各自的队员。他们的队员都是一球打倒了7只瓶。教练甲对自己的队员说：“很好！打倒了7只。”他的队员听了教练的赞扬很受鼓舞，心里想，下次一定再加把劲，把剩下的3只也打倒。

教练乙则对他的队员说：“怎么搞的！还有3只没打倒。”队员听了教练的指责，心里很不服气，暗想，你咋就看不见我已经打倒的那7只？

结果，教练甲训练的队员成绩不断上升，教练乙训练的队员打得一次不如一次。

这一效应告诉我们，在相同的现状下，换一个角度说话，就会对他人产生不同效果。每个人都希望得到他人的肯定、赞赏，这也是每一个人的正常心理需要。而面对指责时，不自觉地为自己辩护，也是正常的心理防卫机制。

4.说话不可太绝，要留有余地

说话不留余地，就会把人逼上绝路。凡事总有意外，留有余地，就是为了容纳这些意外，以免自己将来下不了台。

当然，不否定他人并不是毫无原则的，一味地逢迎，反倒会引起别人的反感。因此，我们要把握好说话的分寸，管住自己的嘴巴，知道什么该说，什么不该说，该说的时候说得恰到好处，你的话才不会惹恼他人，你才会有良好的人际关系！

## 知尺度讲分寸，待人对事尽在掌握

中国几千年的文化中，一直强调儒家的中庸之道，其精髓是“不偏不倚”“过犹不及”的思想。说到底也是分寸的问题。智者在为人处事，待人接物中，无不渗透着对分寸和火候的掌握。敢想敢干、当断则断是一种气度，脚踏实地、步步为营则是必要的策略。为人处世要讲分寸，拿捏得好，水到渠成，拿捏不好，前功尽弃。

在日常生活中，与人打交道，如果你能把握分寸，待人接物有礼有节、

说话有度、办事伸缩得当，那么，人们就会通情达理地承领你的要求，尊重你的体面，满足你的愿望。如果你不懂分寸，说话冒失，举止失体，不识深浅，不知厚薄，那么，不但你的人缘一筹莫展，你的处世也可能处处留下败笔。

所以，掌握分寸是为人处世的普遍规则，是获得好人缘的第一准则。在为人处世的分寸之间，我们应当把握好以下基本要领：

1.外圆内方

所谓外圆内方，就是要求我们，对于自己，要有做人之本，有原则，不被他人所左右，也就是“方”；而对外，与人打交道，要圆滑世故，融通老成，能够认清时务，使自己进退自如，游刃有余，也就是“圆”。

做人应当方外有圆，圆内有方。外圆内方之人，有忍的精神，有让的胸怀，有貌似糊涂的智慧，有形如疯傻的清醒，有脸上挂着笑的哭，有看似错的对……真正的“方圆”之人，没有失败，只有沉默，那是面对挫折与逆境的积蓄力量的沉默。

真正的“方圆”之人是大智慧与大容忍的结合体，有勇猛斗士的武力，有沉静蕴慧的平和，对大喜大悲能够做到泰然不惊；行动时，干练迅捷，不为感情所动摇；退避时，审时度势，全身而退，而且能够抓住最佳机会东山再起。

2.能伸能屈

人们常说，“大丈夫能屈能伸”，也是这个意思。任何一个人，都不可能一帆风顺度过一生，这就要求我们适时调换好“伸”与“屈”。在生活和事业处于困难、低潮或者逆境、失败时，如果能运用“屈”的智慧，往往会收到意想不到的效果。反之，该屈时不屈，一味地去伸，必遭沉重打击，甚至殃及生命，如此我们还有什么资格去谈人生、谈事业、谈未来、谈理想呢？

3.进退自如

进退自如，即两相对照，选择有利于自己的做法。狭路相逢勇者胜，人生之路也是如此；而若是自己退一步让人先走，那么自己也就相当于有了两步的余地，可以轻松走路。这种做法明为退，实为进，是一种比较圆滑的做法。

4.冷热适中

歌德曾说过一句话："世间最纯粹、最暖人胸怀的乐事，莫过于看见一颗伟大的心灵对自己开诚相见。"人际交往中，我们强调要以诚待人，以真性情待人，对一切事物抱有积极热情的态度，这也是为人处世所必需的。比如，你想得到朋友、同事的认可和接纳，就必须首先主动敞开自己的心怀，讲真话，做实事，以诚相见，朋友被你的诚实所感动，内心深处喜欢你，才愿意与你真诚交往。

但是，凡事都要有度，热情也不能过了头，比如，涉及朋友的隐私之事，你却不知眉眼高低，非要帮人家忙里忙外，让朋友难为情，既不好拒绝你，又无法谢绝你，搞得非常尴尬。所以，最好的分寸就是冷热适中，不即不离，勿以尊卑亲疏定冷热，这样才有可能使彼此的友好关系保持长远。

5.不前不后

"出头的椽子先烂""木秀于林，风必摧之""直木先伐，甘井先竭"……这类古训俗语常用来告诫人们，人心叵测，冒尖是要承担一定的风险的。我们不妨韬光养晦，不露锋芒，不动声色。因为，风头出尽的人容易遭人嫉妒，容易首先受到攻击。这里并不是要否定那些勇往直前、万事当先的人，只是强调前与后的分寸。

能够真正掌握于分寸之间，是一件非常不容易的事。分寸隐藏于何处，不是触摸出来的，而是体会出来的。要学会把握分寸，必须通人情、晓世故、有修养。把握分寸是人的一种综合素质，是内在涵养与外在经验的集中表现。

## 别给自己戴上"势利眼"的帽子

生活中，我们总会遇到这样一些人：他们在利益上，总是斤斤计较，从不愿吃亏，说话苛刻。与人打交道，更是趋炎附势、欺软怕硬，在得意者面前，不惜使出种种手段，极尽巴结、阿谀奉承；而一旦对方无权无势，就立刻换一副嘴脸，冷言冷语，唯恐避之不及，甚至落井下石。这种人，就是人们常

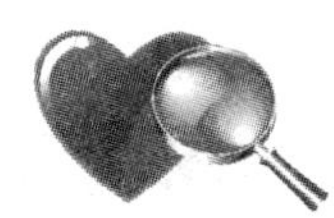

说的“势利眼”。势利眼表现的是一种人性的丑态，他们的人际关系如何也可想而知。没有人愿意与这类“无情无义”之人交往，因为没有人愿意成为他人口中被数落的对象。

我们再看那些成功人士，无不有个共同的特质，那就是“不拘小节”，愿意主动吃亏。让步、吃亏是一种必要的投资，也是朋友交往的必要前提。生活中，人们对处处抢先、占小便宜的人一般没有什么好感。占便宜的人首先在做人上就吃了大亏，因为他已经处处抢先，从来不为别人考虑，眼睛总是盯着他看好的利益，迫不及待地跳出来占有它。他周围的人对他很反感，合作几个来回就再也不想与他继续合作了。合作伙伴一个个离他而去，那他不是吃了大亏吗?

那么，从这一点考虑，我们在与人打交道的过程中，该如何做呢?

1.言辞低调

语言是所有思想的外衣。如果我们言辞低调，就会给别人留下谦逊的印象；而相反，枪打出头鸟，一个言辞高调、口德差的人，无论他的能力有多强，社会都不会给他提供理想的栖身之地。

为人处世，我们不要戴有色眼镜，不管交际对方的身份、地位如何，绝不可厚此薄彼。与那些身份、地位低者谈话，要考虑对方的感受，切不可让人听出你有傲气、瞧不起人、教训人、挖苦人的感觉。因为从对方的心理角度看，他们本身就是“心理敏感”的。

2.不可居功自傲

即便自己在事业上取得了一定的成绩，或者有了一些特殊的优势，也千万不要傲气十足，牛气冲天，自以为高人一等，处处唱高调，时时摆身份，想怎么说就怎么说，只图自己痛快，不顾别人感受，否则迟早会因失语于人而殃及己身。当你非要阐明问题时，也不可把话说尽说绝。

3.秉承“吃亏是福”的原则

人与人之间的交情，重在一个“情”字，而不是物质与外在。若一个人总想从别人那里捞到好处，且处处不肯吃亏，则会骄心日盛。而一个人一旦有了骄狂的态势，难免会侵害别人的利益，于是引起纷争。在四面楚歌之中，他又焉有不败之理?

“吃亏”也许是指物质上的损失，但是一个人幸福与否，往往取决于他的心境如何。如果我们用外在的东西换来了心灵上的平和，即使是吃点亏，也无疑那是获得了人生的幸福，何乐而不为呢?

## 别让自己成为“大嘴巴”

生活中，可能许多人都有一个通病，就是在闲暇的时候喜欢议论他人。但“祸从口出”，你一句无心的话可能会被别人“翻译”得面目全非，然后传到被说者的耳中，以致影响彼此间的关系。可见，“静坐常思己过，闲谈莫论人非”这句处世格言依然是我们必须遵循的。我们无法控制别人去传播“是非”，最好的办法就是看好自己，停止“是非”的传播，让自己的耳朵不去听“是非”，这样就远离了“是非”小人。我们来看看下面这个故事：

很久以前，在我国北方的一个小村子里，有个姓王的人家，家里人口不多，王老汉只有两个女儿，且都已经出嫁，只剩下他和老伴儿。可是，家里没有水井，很不方便，常要跑到老远的地方去打水，家里甚至需要有一个人专门负责挑水的工作，因为王老汉已经年事已高，越来越感到体力不支了，因此，他便请人在家中打了一口井，这样便省了一个人力。

他非常高兴有了一口井，逢人便说：“这下可好了，我家打了一口井，等于添了一个人。”有人听了就添油加醋：“王家从打的那口井里挖出个人来。”

这话越传越远，全国都知道了，后来传到宋王的耳中，宋王觉得不可思议，就派人来王家询问，王家的人诧异地说：“这是哪儿的话，我们是说挖了一口井，省了一个人的劳动，就像是添了一个人，并没有说打井挖出一个人来。”

王老汉只不过一句感叹的话，“等于添了一个人”，经村民乃至全国

的人添油加醋，竟变成“王老汉从打的那口井里挖出个人来”，上演了一场闹剧。

的确，生活中，总有一些人，喜欢添油加醋，颠倒是非，结果，传到我们耳中的时候，可能这件事已经变得与事实完全背离了。这些人就是人们常说的“大嘴巴”，而这些喜欢言及他人是非的人，多半不是出于好意，有的甚至心怀叵测，企图对他人恶语中伤，败坏他人的形象。天下没有不透风的墙，当他的谎言被人揭穿后，他就会被周围的人鄙视甚至孤立，因为没有人喜欢与一个随时可能出卖自己的人交往。举个很简单的例子，工作之余或者休息时间，如果你和你的同事闲聊，无意间说了关于上司和公司的坏话，一不小心就会被谁听了去。结果传到了上司的耳中，上司对你的态度就会有很大的转变。那么就算你再努力工作，有很好的成绩，也很难得到上司的赏识。

那么，当周围的人议论他人时，我们该如何做呢？

1.看清说话对象，不可以掏心掏肺

与人相处，要把握好尺度，不要全部交心，即使是与关系非常要好的同事或朋友相互发一些有关他人的牢骚，也是不明智的行为。

实际上，你正掏心掏肺“倾诉”的人，很可能与你口中所抱怨的对象关系亲密，你在他面前非议此人，岂不是自投罗网？生活中，就有这样一些人，他们自私自利，专门搜集这些小道消息，然后借以请功邀赏，以达到个人的目的。对付这种人的办法唯有装聋作哑，不让他抓住小辫子。总之，不论你是有意还是无意，在他人背后议论最容易惹是生非，还是不随便议论为上策。

2.转移注意力，减少好奇心

可能你对他人讨论的一些是非传闻很好奇，但切记，要想减少得罪人的机会，就必须管好自己的嘴巴，谨言慎行，不要传播那些是非八卦，这是远离是非的最好办法。因为通常情况下，那些是非传闻与现实并不完全符合，甚至是背离的。要做到这一点，我们可以采用转移注意力的方法，当周围人在议论八卦新闻的时候，你可以把注意力转移到其他事情上，比如，看书、看报或者工作、学习等。久而久之，你就不会对那些是非传闻那么好奇了。

当我们能做到“不论人非”的时候，更要懂得“静坐常思己过”，这是一种自我反省的功夫。与人交往的时候，多想想自己的不足，想想自己在做事或待人方面疏忽或亏欠的地方，自然就减少了对别人的抱怨、嫉恨或报复的心情；同时也会得到一些警惕，以后将不再犯同样的过错。当你真正做到这一点的时候，为人处世的功夫自然会更上一层楼！

# 第12章 能攻会守，交际难缠之人自有妙招

俗话说："人上一百，形形色色。"人际交往中，我们总会遇到许许多多性格怪异的人，每个个体的性格各有分别，有些人骄傲自大，有些人信奉完美主义，有些人似乎对周围的人总是心存疑虑，有些人尖酸刻薄，有些人……表面看起来，与这些难缠之人交往，似乎不大可能，但只要你摸透了他们的秉性，区别对付，在以后的交际中便会顺手得多。怎样摸透每个体的秉性，选取适合的体式格局与其相交相处，是一门高超的学问。

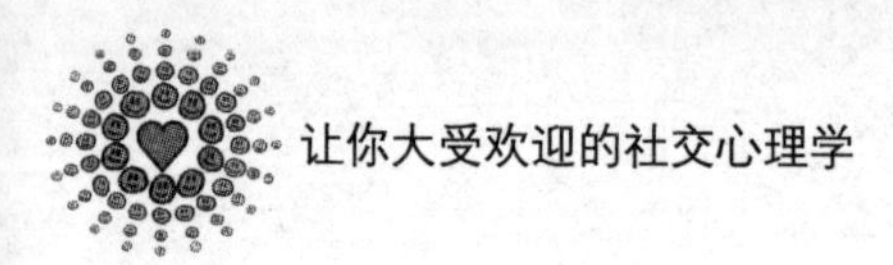



## 跟暴脾气的人打好太极

生活中，有一种人，脾气很暴躁，与之意见不一时，就会遭到其“口水战”的袭击，让我们觉得不可理喻。于是，大多数情况下，我们都选择“敬而远之”。而其实，每种性格都有其形成的因素，只要我们能对症下药，就能找到最佳的与之相处的方式。对于脾气暴躁的人，我们不能硬碰硬，而应该采取打太极的方式，让其心服口服地接受。

在与暴脾气的人打交道的时候，具体该如何打好太极呢？

1.一笑了之

对于他们的火爆脾气，我们首先要做到的就是自我“安慰”一下，告诉自己，每个人都有自己的一些习惯，只是习惯有好坏罢了。对方都有有口无心的，别跟他生气……

2.查明事情原委

在你的情绪“熄火”后，你就要弄清楚：为什么他要发脾气？是针对自己还是对谁都一样？如果是针对你的，就先从自己找原因，想想有什么地方让他不快，让他对你这么气急败坏；如果不是针对你的，那么你就可以确认这是他的一贯行为，在你对他还不是很熟悉的情况下，可以选择“冷处理”的方法，等对方冷静下来，再进行处理。

3.加强沟通

我们平时遇到的80%的误会都是因为缺乏沟通。那些脾气暴躁的人，并不是不可理喻，他们只是做事太急，只要我们能多与之沟通，甚至可能帮助其改掉脾气暴躁的习惯。

4.避免争吵

脾气急躁的人，一般自尊心都比较强，即使他心里知道自己做得不对，也不肯在众目睽睽之下向你道歉。因此，你不妨大度一些，不要与之争吵，因为无谓的争吵不但会影响你的情绪，也将对方向着急躁的悬崖又推了一把，“双输”的结果是让人遗憾的。

当对方急躁的时候，你一定要保持好自己的心态，不要被他的情绪所干扰，你可以这样告诉自己，“他就是这样的一个人”“他是对事不对人”，总之，千万不要在当时和他较真，如果这样处理，只能是火上浇油，本来不会影响你们关系的事情，却弄得你们关系破裂，真的得不偿失。

5.找个机会，事后解释

你可以事后找个合适的机会，比如，一起打羽毛球的时候，或者某天一起出去喝酒的时候，听对方作出解释，这有助于维护彼此之间的友谊。

总之，同脾气火爆的人交往，要灵活变通。如何交往，运用什么策略，采用什么方式，说出什么内容，要根据当时情况灵活变通，切不可被他们的“精彩论述”迷住了双眼，进入了死胡同。

## 小心避开尖酸刻薄之人

日常生活中，我们时不时会遇到这样的人，他们无时无刻不在发挥着自己“特殊”的口才，和别人争执时往往挖人隐私不留余地，同时冷嘲热讽无所不用其极，让对方自尊心受到伤害。工作中，他们喜欢拿同事来取笑，挖苦别人甚至上司。如果你被上司批评了，他会说：活该，真是老天开眼了。你和同事吵架了，他会说：狗咬狗一嘴毛，两个都不是东西。如果你去纠正下属，被他知道了，他也会说：人间处处有恶霸，就是有人喜欢仗势欺人，这是什么世界……这种人就是尖酸刻薄之人，常常不受人欢迎。

由于他的行为离谱，因此他在人际交往中交不到什么朋友。他之所以能够生存，是因为别人怕他，怕惹麻烦，都不愿理他。

的确，对于此类尖酸刻薄之人，我们“惹不起但躲得起”，如果你不想被当作指责和数落的对象，就要和这样的人保持一定的距离，尽量不去招惹他们，吃一点小亏，听一两句闲话，就当什么事都没发生，不要因为他们的无理取闹而坏了自己的好心情。

王黎是某外贸公司新来的员工，为了和大家搞好关系，她对公司的老员工总是恭敬有加。但在刚来公司的第一天，办公室好心的保洁阿姨就告诉她，离同事陈某远点。王黎当时也没多想，但后来，王黎逐渐领教了她的“厉害”。

一次，王黎去外地出差，陈某笑嘻嘻地请她给自己捎带特产。等王黎把买来的特产送到她手上后，陈某却“恰到好处”地忘记给钱。过了十天半月，陈某非常严肃地、跟没事人似的问道：“我给你钱了吧？你可别不好意思？”谁能为百八十块跟她认真呢？王黎想想就算了。这样，陈某就白白占了王黎一个小便宜，她为自己略施小技获得成功高兴不已。可能王黎很好欺负，这种事情接二连三地发生了。

刚来公司的王黎一个月那点薪水哪经得起陈某的折腾。有一次，陈某故技重施，让王黎给她带某化妆品，王黎就借口推托了。谁知道，等王黎回来后，满公司上下已经闹得沸沸扬扬，说王黎趁出差之机，利用公司经费，与男友去外地旅游等，话说得极其难听。虽然大家都知道这件事可能是陈某在背后造谣，但对王黎也敬而远之了，因为谁也不想惹什么是非。

在这个案例中，陈某就是个自私自利、爱贪小便宜并且尖酸刻薄之人，在没占到新同事便宜的情况下，她就采取造谣、说坏话的手段报复。王黎刚来公司的时候，如果能听取保洁阿姨的忠告，远离陈某，估计就不会出现后面陈某因为占便宜不成而造谣中伤她的事了。

的确，无论是职场还是生活中，这类尖酸刻薄之人始终在发挥他们的“口才”，不放过任何一个取笑他人的机会，如果你得罪他，你就惹祸上身了，因为他绝不会息事宁人，案例中的陈某就是这样的人。对于这样的人，我们“避之唯恐不及”，也只有这样，才能让自己远离是非。

如果这类人是你的老板，你唯一可做的事就是换部门或换工作。但在事

情还没有眉目及定案时，不要让他知道。否则，他的一轮人身攻击，你恐怕会承受不了。

假如他是你同事，你一定要和他保持距离，不要去惹他。万一吃亏，听到一两句刺激的话或闲言碎语，就当没有听到，千万不要和他计较，免除惹祸上身。

假如他是你的下属，你就得多花时间在他身上，有事没事和他聊聊，讲一些为人的善良面，让他知道做人厚道自有其好处，你的付出会给单位带来一份意想不到的效果。

同样，生活中遇到这类人，我们也要小心避开，不要给其留下话柄，让自己难堪！

## 碰到抠门的小气鬼该怎么办

生活中，我们经常会遇到这样一些人：他们吝啬小气，对于金钱总是斤斤计较，从来不会在金钱上吃亏，他们一生中最大的快乐就是敛财。面对这样的人，可能你会觉得，做人要大气，这点小事完全可以忽略，所以不去重视。殊不知，人的欲望是无穷尽的，你今天让步了、妥协了，让他们得了些小便宜，那么他们明天就会变本加厉，让你为其付出；再过几天又会觉得你付出得不够，还要更多；当你觉得难以忍受时，他们就会想方设法向你要，比如说你“不懂得奉献，太自私”，此时的你已经进退两难了，你该怎么解决？

其实，对于这样的人，面对他们的花言巧语，你应该有板有眼，不给其占便宜的机会。因为他们内心深处并无什么必须遵守的做人规则，所以，可能会使出表面华丽亮堂、实则损人利己的伎俩。对他们的不当做法，应该明确指正，不要因为太爱面子而不好意思将实情说出口，使自己受委屈。另外，与他们合作，要有所保留，有所提防，不要过于相信他们。他们非常清楚自己的缺点，所以也害怕别人不讲义气，不守诺言。因此，和这样的人打交道，要清楚地示意他们：如果你讲信用，那么我就守诺言。在这种做法的引导下，能够使

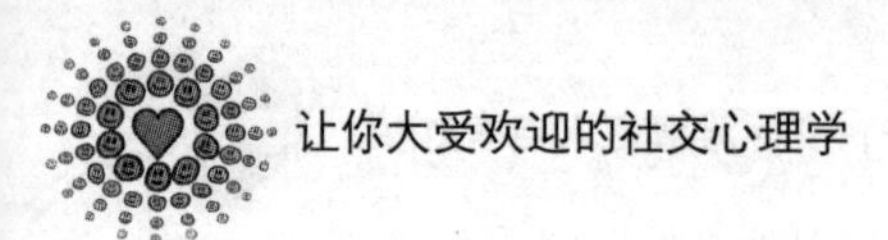


他们在正确交际轨道上行驶。

林静是个典型的都市白领，收入不错，有一群很谈得来的朋友，但唯一让他苦恼的是：面对她一直迁就的姐妹，她不知如何是好。

“我有一个很好的姐妹，从高中起就很好了，一直到现在。她为人还是很好的，可是只有一个缺点，就是太吝啬了，很抠门。我和她从以前到现在不管做什么，99%都是我付钱，她从来不会给钱，连坐公共汽车的两元车钱，她都不会主动说她来给，都会等着我付。她过生日我们出去，我请她吃饭，我过生日，可还是我请她吃饭。有一次，我去她单位找她，我就是想这次一定要让她请，所以事前和她说好她请我吃饭，可是，到了之后，她居然说她只带了10块钱，还说你随便说吃什么吧，我当时真是很生气。其实我不是吝啬，我只是觉得，我们并不是富有之人，我是比她工资高一点，但也经不起她这样折腾。为什么老把我当‘冤大头’呢？我真不知道怎么和她说，我现在都怕她了，最近我的手头又比较紧，可是还得在她身上付钱。她就是这样的性格，以前她单位效益很差，一个月才400块，她都可以省下200多。我怕说清楚了，会很得罪人，我比较不忍心这样。我该怎么办？”

恐怕林静的这种情况我们很多人都遇到过，面对多年的朋友，不忍心主动说开，怕破坏友谊，而不指出来，自己又成了“冤大头”。的确，人活于世，太过注重私利，就不会交到什么朋友，这个世界上没有人喜欢爱占便宜的人，但没有人不喜欢爱吃亏的人。我们从小也在接受“吃亏是福”的教育，但面对如此吝啬之人，如果“吃亏”，就是“退让”，你非但不能引起对方的反省，反倒要无止境地“吃亏”下去。

那么，面对小气抠门的人，我们具体要怎么做呢？

1.帮助他学会自省

吝啬的人在人际交往中对自己的吝啬举止不会没有一点感觉，对他人对于自己的吝啬有成见也不会没有一点感觉。如果你有这样吝啬的朋友，你可以经常暗示或者提醒他，让其有意识地拿自己和周围的同事、朋友比一比，从而认识到自己的吝啬行为，更让其明白，人活一世，钱不是唯一的目的，除钱外，亲情、友情、快乐同样重要。这样，我们不但保住了友谊，还“改造”了

朋友。

2.即使吃亏，也要吃在明处

亏，要吃在明处，至少，你该让对方意识到。因为吃亏，你成了施者，朋友则成了受者。你要让对方明白，他欠你一个人情。这样，在友谊、情感的天平上，你已加了一个筹码，这是比金钱、财富更值得你珍视的东西，也会让你获得更深的友情。这当然会使朋友更心甘情愿帮助你，为你办事。

吝啬是一堵“墙”，这堵墙的唯一作用就是把别人的友谊挡在墙外。在认识到这一点后，我们也要做到摒除吝啬的坏习惯。要想在社交中赢得友谊，就必须自己动手，大度对人，把这堵“墙”拆除。

## 蛮横无理的小人巧应对

俗话说：“林子大了，什么鸟都有。”这话一点也不假，我们所处的社交圈子中，也难免有一些蛮横无理的“小人”， 他们说话、做事毫不讲理，内心对自己也没什么约束、什么戒律，很少去追问人生真正的意义。他们遇到好事、露脸的事、有利的事，就去抢；遇到坏事、无名的事、无利的事，就去推。面对这样的人，我们该如何应付呢？或许以下几种方法对你有帮助：

1.采取外交手段

直接面对是很有力的方法，但是还有一些更巧妙的办法。“成功外交手段的核心是给对方一个体面的台阶去下。”

有一天傍晚，张先生下班后，接到妻子的电话，原来家里没盐了，让他从超市买点回来。事情办完后，他在超市出口排队等结账。这时一位太太插在他前面。张先生想：“我可以忽略她，可这太窝火。家里妻子还等着做饭呢。我可以尖叫，但对方也可能对我尖叫，而且，这样似乎太不绅士了。”于是，张先生采取了第三种方法：他说：“对不起，排队从后面开始。”果然，这位太太乖乖地站在了他的后面。

这种礼貌地表示责备不满的方法，既显示了你的不快，又给了对方一个方便的出口。

2.幽默

关于幽默，有这样一句名言："如果用得很合适的话，幽默甚至可以使最不讲理的人从其恶毒的行迹上出轨。"幽默也是应付蛮横之人的重要手段。通信专家卡尔遇到过这样一件事：

有一次，他和一个男人因停车发生争执。这个男人马上对卡尔污言秽语。这时，卡尔打断这个脏话连篇的人，问："你的妈咪知道你这样和人说话吗？"这个看样子已60多岁的男人住口了，他甚至勉强笑了一下。卡尔最终还是得到了这个停车场地。

要知道，讽刺会被不讲理的人视为激烈战斗的邀请语，根本无法解决问题。而对眼前情况的轻松点评有时倒可以化解一些火药味。心理学专家布莱姆有一个朋友擅长用幽默处理这类事情。她的工作是填写不同部门经理的供应需求，因此自然成了他们奚落的靶子。"她碰巧特别体小，"布莱姆说，"当他们口无遮拦时，她总是跳到一个椅子上，说：'好了，至少现在我们可以眼对眼了！'这个办法在平息经理怒火时从未失效过。"

"幽默，"布莱姆解释道，"显示你没有因为这些不讲理的人而手足无措。"

3.退出

秘书小吴的老板是一个总喜欢骂人的人，他一生气，不管站在他面前的是谁，他都会开骂。"你是个大蠢猪！"他大吼大叫，"这不是我叫你这样做的！难道你笨得连我的话都记不住吗？"目标换来换去，但总有人会成为他的攻击靶子。

这天，小吴又要被骂了。在发传真时，小吴出现了一点点失误。老板发现了，马上暴跳如雷，破口大骂。他刚骂出几个字，小吴转身就走回自己的办公室，深呼吸了一下，她知道了下一步必须怎样做。她又重新回到老板那儿，理直气壮地对老板说："我不喜欢你以那种方式和我说话。"老板打断她的话，不耐烦地说："你不喜欢，请走路！"她立刻答道："好的，再见！"等老板熄火后，整个事件也就平息了。

当任何办法都行不通时，只有退出，这是最后一招，也是你应该常记心中的。

掌握了以上几种策略，你就能战胜不讲理的人，无论何时何地遇到他们。

## 对方疑心重重，你该如何取得信任

人际交往中，我们都希望有个好“人缘”。一个人的人际关系状况是否良好，是否有好人缘，直接决定其工作、学习、生活顺畅与否，更关系到他办事能不能顺利地达到目的。我们深知与人交往的前提就是要诚实。做人要坦诚，光明磊落，襟怀坦荡，才能使人如沐春风。但我们不能否定的是，生活中总有那样一些人，无论我们说什么，他们似乎都抱着观望的态度而不愿相信，总是疑心重重。无疑，人与人之间存在芥蒂心，会严重影响人际关系的正常发展，因为流于表面的人际关系是没有任何实际意义的。

小周在现在这家外贸公司已经有两年了，奇怪的是，周围的同事都在不断加薪、升职，自己却在原地踏步。其实，他也知道原因，老板从来没把自己当成公司的一名员工，只是一直找不到炒自己鱿鱼的理由。这一情况来自两年前的一件小事：

那天，轮到小周值班。下班后，办公室只剩小周一个人。可偏巧，那天晚上，办公室发生了一起偷窃案。老板办公室的门被撬开了，除了一些现金外，还丢了一些重要文件。这件事，小周自然难辞其咎。在公司老同事的求情下，老板才勉强留下小周，但从那件事后，老板再也不会让小周办理一些重要任务，尽管小周也一直努力表现自己，可是似乎都无法消除老板的芥蒂心。为此，小周很苦恼，也不知道是去还是留。

小周真是“哑巴吃黄连，有苦说不出”，一次偶然的事件，让老板对他产生了芥蒂心。可以说，如果他不主动解开误会的话，他在这家公司将会“备受煎熬”。

案例中小周的老板对下属有芥蒂心，是因为误会的存在。而生活中，有一些人，他们天生疑心重，和这样的人交往，要想取得信任，并非易事，这需要一个过程。那么，具体来说，我们该怎么做呢?

以下是一些建议：

一、学会让别人接受你

1.己所不欲，勿施于人

生活中，我们总是不断地犯同样的错误，那就是试图让别人接受我们不能接受的事，做我们自己都不想做的事。要知道，己所不欲，勿施于人，如果我们不能改掉这样的错误，让别人接受我们就是不可能的。

2.学会承认别人

人与人之间的沟通是建立在平等的基础上，想让别人承认你，首先要学会承认别人，并在乎和重视别人，让其感受到平等和尊重。

3.改“说”为“听”

任何人都有倾诉的愿望，我们在滔滔不绝的时候，有没有想到对方可能也想一诉衷肠呢？尊重别人，首先要做到的就是倾听。

4.学会赞美

从现在起，不要再吝啬那几句赞美的语言了。给予他人赞美，你同样会获得好评。

二、让别人认同你

1.换位思考，多为别人考虑

任何人，如果总是自私自利，从不为别人考虑，那么，他永远也不会交到朋友。只有站在别人的角度考虑问题，别人才有可能去认同你，你才能够获得别人的支持。

2.锻炼自己的口才

一个不善于表达的人，总是很难获得他人的认同。要想让对方认同你，就要从现在开始，锻炼自己的口才，这样，当你们意见不一的时候，你就能引导对方，让对方的意见和你的意见达成一致。

三、让别人信任你

1.以诚待人

一个人信任另一个人，一定是相互之间真诚相待，诚实守信的结果。如果我们希望别人相信我们，那么就一定要以真诚相待、诚实守信作为我们的行为准则。

2.一诺千金

诚信的一个表现就是言必行，行必果。而在现实中，我们常常很难保证承诺的所有事情都能够兑现，所以许诺时应该非常慎重，特别是对重要的事情或者是在关键的事情上。

3.敢于承认的错误

人的本性决定了谁也不愿意否定自己，但正是这样，如果我们能做到承认自己的错误，我们就具备了一种非常难得的品格，别人也就会相信我们。

所以，面对疑心重重的人，只要我们具备良好的心态和善解人意的为人方法，就能获取他人的好感，进而获取信任！

## 对付挑拨离间者先要谨慎言行

我们的生活中，总有个"不甘寂寞"的角色，那就是"小人"。 同样是一张嘴巴，有人用来吹牛拍马，有人用来讽刺损人，而有人用来挑拨是非、离间同仁。他们上蹿下跳，或在明处，或在暗处，无论你怎么小心谨慎，也难免被他们盯上。他们轻则踩你的脚，重则踩着你的肩膀往上爬，害你难逃劫难。

这类人，给公司带来的杀伤力非常之大且迅速，只要一不注意或处理不当，便可能灰飞烟灭，处处残迹。应付这种类型的人，没有什么办法，只能防微杜渐，不让这类人进来，或一有发现就予以制止或消除。否则，后果不堪设想。

小蝶是一个勤快、善良的姑娘，刚进这家房地产公司时她还是新人，为了得到公司的认可，她几乎成了工作狂，并常常想出很多新颖实惠的点子来。她的第一次策划便得到经理的"有创意、很新颖"的表场。经理的嘉奖让她更

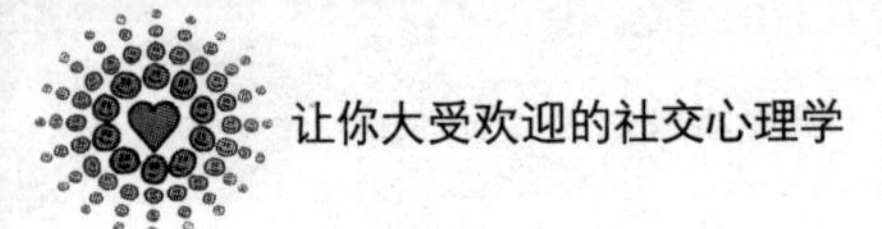


加自信大胆地工作。

小蝶在公司的人缘很不错，很快，她就与同龄人莉莉成了好朋友。在她忙得天昏地暗时，莉莉会适时地递上一杯咖啡；她加班时莉莉又会送来一盒盒饭；当她的两只手恨不得当八只手用的时候，莉莉总是自动拿起材料帮她打印好。就这样，两人成了无话不谈的好朋友。可没想到，这个曾经感动小蝶的莉莉日后竟然做出了让人难以置信的事。

一次午饭时间，莉莉和小蝶一起在餐厅用餐，两人聊到了总经理。通过莉莉，小蝶才知道总经理居然还没结婚。莉莉问小蝶对总经理印象如何，小蝶就如实地说出了自己的感受：“他那人挺好的，工作很认真负责，但有时候，似乎有点古板吧。”

可没想到，第二天，小蝶就被叫到了经理办公室，遭到一顿训斥：“在公司，你做好自己的本职工作就可以，我的个人问题不需要你来操心吧？我没结婚，是因为我古板？我哪里古板？”小蝶顿时明白了，原来是莉莉出卖了自己。但事实上，她又真的说过类似于总经理很古板的这些话，她只能有苦水往肚子里咽。从那以后，在工作上，无论小蝶怎么努力，似乎都得不到总经理的肯定了。

其实，无论是工作中还是生活中，类似莉莉这样挑拨离间的人无处不在。表面上看，他对谁都很热心，当你对其掏心掏肺时，他却在背地里捅你一刀，你们的谈话内容会被添油加醋地传到“第三者”那里，这些流言蜚语甚至可以置你于死地。

对于这样的人，你能就此忍气吞声吗？当然不能。否则，他们会越发嚣张，你会愈加倒霉。唯一的办法是打起精神、鼓起勇气和他们斗智斗勇。为此，我们要分情况处理：

如果他是你的部下，要“先下手为强”，想办法孤立他，让其自动走人，因为如果你不“下手”，下场可能就是你成为其“下手”的对象。

如果这种人做了你的同事，你除了要小心行事外，还要和其他同事一起结成同盟，和他保持距离，并不被他的任何挑拨的语言所动。久而久之，他也就不能兴风作浪了。

如果挑拨离间型的人做了你的老板，你首先要注意的是谨言慎行，和他保持距离，在公司建立个人信誉，同时要保持着“能做就做，不能做就走”的宽广心胸。

总之，工作中，对于爱挑拨离间的人，最佳方法是在工作时间以外跟他们保持距离，并切记言行要谨慎，避免有任何把柄被他抓住。可能的话，大可联同其他同事一起孤立他，令他变得势孤力弱。

除以上做法外，我们还要做到：

①近小人远君子或近君子远小人都不可取，人与人间相处要有尺度，不要过于亲密、泄露隐私，避免小人为私利而伤害你。

②你的各种私密物件要绝对保密；

③如你被害，要抓住机会证明你的清白，不要一味忍让，以防受小人再次陷害；

④多观察周围的人和事，争取做到防患于未然。

## 如何让骄傲自大者收起锋芒

我们所处的社会是个大舞台，每个个体所饰演的角色都各不相同，杂乱而又多变。我们只有善于与不同性格的人交友，才能在人际交往中游刃有余，在社会中占有一席之地。

我们的生活环境中，总是存在形形色色的人，其中，就有一些骄傲自大者。这类人并没有多少学问和多大能力，时时是自吹自擂，夸夸其谈，他们所显示的骄傲、不屑一顾等神情，实际上是一种心灵空虚的增加剂，以维持其虚荣心。刚开始，我们与之相处，可能觉得他们视野广阔，海阔天空，无所不晓，好一副高高在上的样子，但只要就某一题目深入地与之研究，他便会显露破绽。一旦露了破绽，他的威风自然也就扫地。

与这样的人交往，适当的时候你可以反击。他们会因为自己取得一点成绩而心生傲气，举止无礼，出言不逊。和这种人打交道，说话应该简明有力，开门见山，使他们有架子也没机会摆。如果可能，尽量减少与他们相处的时间，不给他们表现傲慢的机会。或者，你可以找他们的“软肋”，与他们谈一些对他们而言是陌生领域的话题。

小唐今年刚毕业，毫无工作经验的他，很幸运地被一家小公司录用，到现在，已经工作两个多月了，但最近他发现，与自己共事的一个男同事实在不好相处。

“刚来公司上班感觉还可以，加上公司只有我们两个男同事，我们的共同语言很多。他是我的搭档，比我小一岁，是独生子，性格还挺活泼，但慢慢地就感觉和他很不好相处。刚来的时候很热情，但是第一印象就是很能吹，而且刚来就背着我说老板的坏话，还一本正经地以为自己说的都经验之谈，说自己经历过很多，什么都懂，给我讲了很多社会上的大道理。后来慢慢地发现他很骄傲很自大，说他们家乡人多有钱。有一次，我请他吃饭，等我把钱掏了，他把钱包拿出来给我看，说你就剩那点儿钱了，我这零头都比你的多。工作中，大家也不怎么喜欢和他接触，而我们是搭档，真不知道如何和他相处……”

小唐的这位同事就是典型的骄傲自大者。在没有成就的情况下，他们喜欢自吹自擂；一旦小有成就，就沾沾自喜。他们总希望自己能成为交际的“中心人物”，因此，他们总是想方设法让大家都崇拜他、尊敬他，常摆出一副咄咄逼人、唯我独尊的架势，缺少自知之明。应少和和这种人结交或共事，否则，你将永远被他“骑在头上”。面对他们时，你千万不要低声下气，也不要以傲抗傲，你只要长话短说，把需要交代的事情扼要交代完就行。假如和他共事，那就另当别论了。具体来说，我们需要做到：

1.要诚实

骄傲自大的人虽然爱自吹自擂，但不会口蜜腹剑，不会阳奉阴违，是个值得信赖的人，所以要待之以诚，关心爱护。如果对他们虚伪猜忌，往往会使他们产生强烈的反感情绪，他们还会把这种不满表现在脸上，使你们之间的心理距离扩大。

2.要委婉

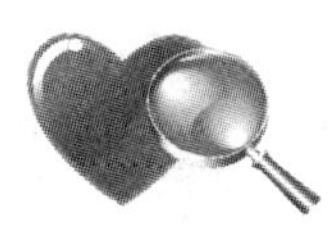

这类人爱面子，喜欢吹嘘自己，但他们做事不灵活，言辞不变通，往往会使一些人陷入难堪境地，所以和他们交往时要注意婉转。即使他们为了抬高自己而“刺伤”过你，你也不必过多在意。

生活中，当他们口无遮拦时，尖锐抨击时，要采用一个合适的方式转移话题，或者幽上一默，赞扬一句，巧妙地加以引导。

3.不卑不亢，以理服人

最有力的说服，无非一个字，那就是“理”，做人做事，都要讲道理，知道什么合理，什么不合理，才使言行有了尺度和准则。与骄傲自大、爱吹嘘的人交往，也要有理说理，切不可无理搅三分，更不能无理还要恐吓、威胁、动粗。

总之，与骄傲自大的人相处，可以用你的知识将之“震”住，这样才能让其收起锋芒。假使做到了这一点，以后的交际便会顺手了。

## 对那些“伪君子”避而远之

在社会生活中，总有一些人不以真诚面对众人，而是戴着一副假面具示人。假使是要好的挚友，对他们也是防不胜防。当我们失意的时候，偶然会把心中的怨气宣泄迁怒于他人，没想到，竟会因此招受他人的痛恨乃至敌视。而这类出卖我们的人，就是人们常说的“伪君子”。这种人“明是一把火，暗是一把刀”，又被称为“笑面虎”，是最危险的一种人。他们可能有一个美丽的包装；开始的时候，他们看起来那么善意，那么富有诚意，对你又那么关心，你可能感动得把自己的一切都告诉他。而一旦你跟他的利益发生冲突，他就会狠狠地踩你一脚，有时候，他们甚至做出“损人不利己”事情。

对于这样的人，我们该怎么对付呢？我们先来看看小杨是怎么做的：

小潘和小杨是很好的朋友。无论是生活中还是工作上，小潘都对小杨照顾有加，但知人知面不知心，最终出卖小杨的就是小潘。

“小潘太过分了！”刚被领导训了一顿的小杨气呼呼地发牢骚，“我的案子怎么就成了他的了？我还成了剽窃者？这月奖金又泡汤了！”小杨的话立刻引起办公室里其他同事的共鸣。小潘做事确实不够磊落，他总是喜欢剽窃办公室其他同事的心血。而平时，他总是对大家和颜悦色，不是帮大家买午饭，就是冲咖啡。表面上看，他是个很随和的人，实际上却另有一套。

关于这次事件，小杨是这样陈述的：

“昨天，我很满意地完成了一个策划交给经理。谁知今天他找到我：‘小杨，我本来很看重你的才华和敬业精神，没有新点子也没什么，但你不该抄袭其他同事的创意。’经理看我一脸惊讶，递给我一份策划书。天哪，竟然和我那份惊人地相似，而策划人竟是小潘。面对经理的不满和我好朋友的‘心血’，我哑口无言，因为我没有任何证据能够证明我的清白。”在大家的帮助下，小杨决定找个机会澄清事实。

机会终于来了，小杨接了一个很重要的案子，他比平时更忙碌，他从自己的新点子里筛出了两个方案，做出A、B两份策划书，明里小潘还是经常主动来帮他做A策划书，但暗地里小杨已把B策划书做好交给了经理，并请经理配合他先不要说出去。果然，不久小潘交上一份和A策划书颇为相似的策划，明白真相后的经理非常恼火，请小潘另谋高就了。

事实证明，小杨的做法是明智的，他并没有直接和小潘挑明，而是团结同事，发挥才智，让小潘当场现形，遏制住他的势头。如果小杨碍于情面或讲君子风范，吃亏的只能是自己。

这类“伪君子”每个群体里皆会有，但似乎职场更为多见。人们说，“防人之心不可无”，这种人才是你最应当引起注意的人。而且这种人，不与他一起工作过很长时间，是不可能发现他们的阴毒的，就如同案例中的小潘一样，他们中大多数是以其背面呈现的。在你刚与之接触时，他们无比热忱主动，并会为你解决一些小问题，而且为你想得很周密，也表现出一副辅助你的样子，主观上也希望你能有好的后果。但是，有个前提条件，你不能侵占他们的好处，好比升级、加薪等。否则，他们会立刻拉下脸来，与你拼个鱼死网破。

小杨采取的是反击的办法，但这类小人，在生活中真是防不胜防，对于

这样的人，基本上要敬而远之。当然，这要视具体情况而定：

①如果他的地位高于你，而你必须听从于他，你要装得有些痴呆的样子，他让你做的事情，你都唯唯诺诺满口答应。他和气，你要比他更客气。他笑着和你谈事情，你就笑着猛点头。即便你感觉到他要你做的事情实在太难了，你也不能当面拒绝或翻脸，你只能笑着推诿，坚决不接受。

②如果你们是朋友或者同事，最简单的应付方式是装作不认识他。每天见面，如果他要亲近你，你就找理由马上闪开。能不做同一件工作，尽量避开不要和他一起做；实在避不开，就要学着写日记，每天检讨自己，留下工作记录。

③如果他的地位低于你，比如，他是你的下属，你要注意三点：其一，找独立的工作或独立工作位置给他；其二，不能让他有任何机会接近上面的主管；其三，对他表情保持严肃，不带笑容。

总之，与这样的人交往，要有防范之心。他们一般都攻于心计，和别人交往时，他们往往把自己真实的一面隐藏起来。交往中遇到这样的人，切记，不要让他们完全掌握你的秘密和底细，更不要为他们所利用，或一不小心陷人他们的圈套。

## 平和对待完美主义者的“挑刺儿”行为

追求完美是人的天性，但过于追求完美，则不必要。生活中，我们就经常遇到这样的完美主义者，他们因为对自己要求过分严格，而显得对他人也过于苛刻。他们在挑选他人与自己合作某些项目时，出于对完美的追求，要求也非常之高。他要求你事事做到一百分，符合他的办事标准，只讲理论，根本不理会实际的情况……个中的苦恼，实不足为外人道。你跟他合作，无疑是困难重重，会遇到不少烦恼。而他们在不厌其烦的指导他人的过程中，渐渐会让不了解他们的人感到厌烦。

实际上，对于他们的“挑刺儿”行为，我们需要平和对待。因为与完美主义者切磋学术是件非常幸运的事情。他们会把自己探索到的一些高标准、高技术的经验传授给你，希望你付诸实施。如果你达到他的预期标准，不仅完美主义者会感到开心，受助者的水准也无形中得到了提高。所以，完美主义者容易帮助别人，对他人是大公无私的。完美主义者在社交场合分为两类：压制型和宣泄型。如果你遇到的是压制型完美主义者，那你会非常幸运。他们不管心里有多不开心，外表总归是和善与亲切的。他们会很客气地接受别人的赞扬，但是在心里，他们只欣赏那种高层次的、内行者的表扬。

俗话说，知己知彼，百战不殆。完美主义者的主要特征是，其关注点在于细节，对他人以纠正错误为首要工作。基于此，在与完美主义者相处时，我们需要注意：

1.植入自信而积极的信念

“我会努力的，我会做到让他满意。”抱着这样的想法，当你与完美主义者相遇时，至少不会受到先入为主的消极观念和情绪的影响。同时，这会产生强大的正向动机。人只有在积极动机的驱使下，才能产生积极的行为。

2.做好基础性工作

对于对方可能提到的问题事先作充分细致的准备。这样便做到了胸有成竹，在与对方交流时，不至于手忙脚乱非常被动。

3.多准备几个方案

完美型的人因为追求完美追求最好，所以在作决策时是比较犹豫的。我们在做方案时，要尽量把所有的可能性主动提出来，而不是等着他去想还有什么更好的。

4.学会观察见机行事

比如，汇报工作，要尽量在完美型上司心情好的时候汇报。人非圣贤，上司也是人，也有状态不好的时候。上司心情不好，见什么都烦，何况是你这个灰头灰脸的下属呢？

5.功夫在平时

注意不要回避他，要以微笑面对，建立良好的互动关系。只要在日常交往的细节上给对方留下了良好的印象，当正式谈工作时，这种固化了的心理是

会发挥积极作用的。

6.采取学习的态度

学习别人的利益，弥补自己的不足。在与完美主义者交往时，要有虚心、友爱的态度。把其当作老师，将有效的学识和幽默的言语融合在一起，你所说的话定会受到赞扬，你听到的定是学问。

需要注意的是，由于完美主义者不喜欢对方依赖自己，所以与完美主义者相处时一定要具有独立、善于学习的能力，并与完美主义者一起开拓，这样，完美主义者才有可能欣赏并支持你。

## 打开不爱说话者的“话匣子”

语言是人们沟通的主要方式，但与人交往的过程中，总有一些人出于各方面的原因而沉默寡言，甚至面无表情。在他们的语言词典里，似乎只有“是”与“不是”，或者“行”与“不行”，让人无法与其攀谈，让交际场合显得尴尬。其实，只要我们懂得了说话的技巧，就能够在无形之中慢慢令他们增添几分说话的自信心，找到打开他们“话匣子”的钥匙，从而赢得他们的尊重与友谊。

那么，我们该如何打开不爱说话者的“话匣子”呢?

1.摆脱陌生人情结

如果不爱说话者是陌生人，那么，你不需要装模作样，但要表现出你的诚意。其实每个人跟陌生人交谈时内心都会不安，我们一定要自己先放下陌生人情结。这样，与对方交谈的时候，才会显得随意轻松。在谈话时要关注对方的表现，如果对方不感兴趣，就要停止你谈的话题了。

我们在与不爱说话者交往的时候，不妨也像里根总统那样“拉一拉”亲，这样你们之间就有可能真的变亲近。我们不妨事先寻找一下你与对方之间的“亲近”关系，可以是朋友的朋友，可以是同一个出生地，可以是都曾去过某个地方……总之，只要是可能拉近与对方关系的内容都可以。但是，有一点需要注意，这个内容不能是对方不希望提起的，或者是不感兴趣的话题。

记住：即使这个话题与你们之间要交往的话题没有多大关系，我们也应该尝试以此为突破口。因为只有打开了“话匣子”、有了交往下去的可能、有了亲近的感觉，才能够更好地进行以后的交谈。

2.要回答别人的问题，而且要有响应

这类沉默寡言的人，一般是“金口难开”的。因此，如果他们主动开口或者询问问题，你一定要有响应，不要简单回答“是”或“不是”，且要回问对方，让话题能够继续下去。

3.解读现场的气氛与对方的心态

要避免谈论让人讨厌的话题，不要一直滔滔不绝地抒发己见，也要学习倾听别人说话。要学会解读现场的气氛，看准时机再发言。

4.绝对还有挽回的余地

就算对方的反应不是很热络，也不必感到沮丧。我们本来就不可能讨每个人欢心。不过，一定还有挽回的机会，你的态度要乐观起来。

5.赞美对方，巧化心防

人与人交往，谁都有一定的防备心理，尤其是不善言谈的人，更是为自己筑起了自我保护的心理防线。我们若想在初次见面就成功消除他人的戒备心，并且成功赢得他人的欢迎，可以尝试一下打开人际交往局面的通行证——赞美他人。赞美越贴切、自然，越能说到对方心坎里，就越能消除与对方的陌生感。

但是，赞美对方也应该有度，肆意的赞美只适用于没有头脑的人，只有恰到好处的赞美才能够让对方感到你的真诚，更有利于你赢得别人的认同和信任；赞美对方的时候还应该注意赞美到关键点上，比如说赞美商店老板，就应该赞美他的店面、经验等他最在意的内容。

“万事开头难”，和沉默寡言者沟通时，更要巧妙地说话，这样才能增强对方对自己的好感，打下日后良好交往的基础。所以，一定要懂得察言观色、扬长避短、推己及人，尽量将话说得巧妙、完满。

## 遇到性情豪迈的人，你该如何交际

日常交往中，有些人直来直去、有棱有角、活力四射，但他们往往性太直、情太真，因而不太讨人喜欢。这类人，就是我们通常说的性情中人，他们性格豪迈，不拘小节。日常生活和工作中，可能他们会因说话太直而得罪你，但你不可斤斤计较，因为他们是耿直的，并无叵测居心。

通常情况下，这类性情豪迈的人，除了性情直爽外，还胸怀大志，眼界开阔，不会计较一些小的得失。除了完成自己的本职工作外，他们也会帮助别人和指导同事。每到一个地方，不论他是否已待很久或已成为组织中的正式主管，他们都能在极自然的情况下影响他人，因此，有很强的影响力。可是，无形中，似乎我们的光芒就被掩盖住了，令我们产生了一些交际苦恼。实际上，你大可不必有此想法，如果你能以一颗真诚的心与其交往，你会获益无穷。

和性情豪迈的人相处，需要讲究一些策略。当然，也要视具体情况而定：

1.如果对方地位高于你

这里，也要分具体情况，如果他是个有雄才大略的人，那么，你就遇到贵人了，他晋升你也跟着晋升。但前提是，你需要做好为其鞍前马后的工作，在他的面前不要乱出点子，尽量照着他的意思去做，他会把他的意思讲得很清楚。因为他怕你笨，所以他会多讲一遍。最后，再问你一次，懂了吗？等你回答懂了，他才放心。有时，他会礼貌性地问你一次，对他的做法？有没有意见，此时你应立即肯定他的做法。如果你稍有犹豫或再多问两句，就会被他嗤之以鼻。

另外，你要虚心向他学习。因为天下没有不散的筵席，当曲终人散时，别人都受益匪浅，你自然也不会毫无收获。

如果对方并无多少才干，和这类人做同事，不能太顺着他，只有让他尝到一些失败的苦果，才能真正地改变及帮助他。

2.如果你们地位一致

如果你和对方地位一致，而对方又是个有主见、有能力的人，那么，你可以助其一臂之力，与其共创事业。若你能懂得忍耐，“一山也可以容二虎”。因为他们的见解常常异于常人，也有着非常人所有的才华，现在的他可能时运不济，但终有一日，他会一飞冲天。而如果对方并无如此雄韬大略，你也可以与之结交友谊，因为这类人永远是最重情义的朋友，他们性情直爽，甘于为朋友两肋插刀。

3.如果对方地位低于你

对此，你需要作好充分的思想准备，那就是他一定会超过你。比如，你有一个性情豪迈又能干的部下，你应有自知之明，知道他终非池中之物。对于这样的部下，你一定要作好投资，给他一定的帮助，相信你一定会得到丰厚的回报。如果他是一个有勇无谋的人，你不妨挫挫他的锐气，比如，交一些难度较大的工作给他做。成功了，不赞许；失败了，交给别人做，让别人做成功，让他知道人外有人天外有天的道理。不用训练他和告诉他做事的方法，他听不进去。多花一些精力在别的人身上，对他绝对是有益的。

# 第13章 处变不惊，变通中灵活交际棘手之事

人际关系是我们生活中的一个重要组成部分。倘若搞不好人际关系，将对我们的工作、生活及心理健康有不良的影响。但正因其普遍存在，也就免不了出现一些交际问题，比如，谈话陷入尴尬境地、求人办事遭拒、被人质问、被人误解等。处理这些交际生活中的棘手之事，考验着我们处理人际关系的能力。但无论事情多么棘手，你也不能自乱阵脚，只要你深谙交际中的变通术，通权达变，打破冷场坚冰等情况，把事情摆平，那么，你甚至能变坏事为好事，从而巩固人际关系！

## 当谈话“卡壳”，怎样让交流继续畅通

人际交往中，我们在与人谈话的时候，有时会因为性格、爱好、知识素养、交谈心情等差异，导致话不投机。可能我们都有这样的经历：引出某个话题后，自己刚讲几句便感到没什么可说的了，或者刚两三个回合双方就同时觉得没词了，这就是人们说的“卡壳儿”。双方关系长期处于对峙、僵持状态，谁也不肯或不愿主动改变这种现状。即使有着交际需要或愿望，也较劲生气，支撑到底。它没有对立、对抗那么严重和公开，却是交际中的一种消极现象，是必须克服的。但要让交流继续畅通，是需要技巧的，否则只会“帮倒忙”“弄巧成拙”。

如何打破交际的“僵持”局面呢？现介绍要法如下：

1.克服自我意识，保持谦虚的姿态

细心的你可能注意到，“僵持”现象通常在两类人身上发生：一类是清高自大的人；一类是内向孤傲的人。他们的显著特点是自以为是，自尊心强，自我封闭。要打破交际“僵持”局面，首先要克服自我意识，树立开放思想，淡化“我”字，主动交往。

有一位年轻的律师，他参加了一个重要案子的辩论；这个案子牵涉一大笔钱和一项重要的法律问题。在辩论中，一位资深法官对年轻的律师说：“海事法追诉期限是六年，对吗?”

律师愣了一下，看看法官，然后率直地说：“不，庭长，海事法没有追诉期限。”

当时，法庭内立刻静默下来，似乎连气温也降到了冰点。虽然年轻的律

师是对的，对于法官的错误，他也如实地指了出来，但法官并没有因此而高兴，反而脸色铁青，令人望而生畏。尽管事实站在年轻律师这边，但他铸成了一个大错——居然当众指出一位声望卓著、学识丰富的人的错误。

诚然，做一个知法者，要依法行事，千万不要不懂装懂，但更不要到处卖弄自己的学识和口才。社会心理学家发现，一般人很不喜欢嘴上老挂着“我”的人。因此，应避免过于显露自己的才学，开口便“我如何如何”。须知，谦虚的态度，总是易为人所接受的。一般情况下，人们总是先接受一个人，而后才肯接受他的意见。

2.诱导法

当交谈陷入“卡壳”的时候，我们可以抓住对方谈话的内容，顺水推舟，给予适当的引导，以使交谈深入进行。这类引导语很多，如“你这话很关键，如果我们就此能取得共识，问题恐怕就容易解决了”。若深谈不下去，也可以直接提出有关话题的某方面问题，引出对方的交谈兴趣，比如：“事出有因，让您产生这种想法的原因究竟是什么呢？”

3.显示人格魅力，获得对方尊重

在人际交往中，我们要积极主动。当交谈“卡壳”时，我们要做出主动的姿态，打破这种僵局，但我们更要注意的是，我们的努力必须引起对方的回应，因为任何一种交际目的都无法只靠一方就能实现。也就是说，如果急于求成，过分主动，超过限度，则会适得其反，不仅贬低了自身价值，还会助长对方的骄纵之气。而“僵持”依然如故，并未缓和。

有位二十出头的小伙子，被分到一单位。学历相当的他，似乎把谁都不放在眼里，其中包括一名有特长的资深技术前辈。前辈希望改变这种“僵持”局面，便不察细情、不看时机、不加斟酌，来到这名青年家中交谈表白。孰料适得其反，青年错觉加重，对这位前辈更不以为然了，双方关系更僵。

前辈不仅未达到目的，还大跌身价，如果他能立足自我，寻求得宜方法，做到既主动，又显示出人格魅力，其结果必大不一样。

4.尊重微妙关系

某单位，一青年和其领导存在着很明显的交际“僵持”现象，两人都心照不宜。青年感到自己应主动一步，却因幅度太大，方式太鲁莽，让领导给呛了回去。这位青年窘迫不已，下不了台，只怨自己自作多情。

试想，如果他能做到自然、巧妙，循序渐进，切合心理，会有这种结局吗？

交际“僵持”局面是要打破的，但这本身是十分微妙的，其中还可能有一些不好明说细究的关系，需要我们细细斟酌，否则可能显得唐突，或者适得其反。比如，两名知识分子，对自己的成果均陶醉不已，对对方的成绩却不愿正视，如果双方都有打破这种局面的愿望，一不能急于求成，二不能挑得太明，要在不动声色、逐步试探中改善关系，这才是切合实际的做法。

总之，打破交谈中的“卡壳”局面，需要我们灵活变通，运用策略，不可鲁莽行动！

## 遭人拒绝，如何自然化解尴尬

人活于世，谁都有自己办不到的事，这时候，我们就需要向他人求助。但出于各方面的原因，比如对方也有难言之隐、实力不足等，我们遭到了拒绝，此时，交谈就会陷入尴尬境地。如果我们不主动化解，不仅会让双方都显得难堪，还会影响双方之间的关系。这个时候，是对一个人为人处世能力的检验，凡在类似的场合擅打圆场、巧妙化解者，一定是一个交际高手。

那么，我们该如何化解这种尴尬呢？

1.保持镇定

比如，当你向心仪的对象告白却被拒后，你要告诉自己，镇定，再镇定。当被对方拒绝，尴尬突然出现的时候，瞬间的脸红虽然在所难免，但心里绝不能慌乱。那样既于事无补，又容易让别人觉得懦弱。

2.不要怪罪于人，用理解的态度说话

比如，当你被对方拒绝后，你可以这样说：“我能理解你的处境，这件事不好插手，但还是谢谢你！”以这样的态度面对拒绝，交谈双方都会轻松

得多。

3.勇于自我解嘲

既然尴尬的局面已经不可避免，就应当拿出足够的勇气来面对现实，甚至直接向尴尬挑战。比如，有个四十岁的男士去某单位应聘，结果没被录用，当招聘人员致歉时，他却说："原来你们单位不招四十岁以上的啊。"此话一出，招聘场合凝重的气氛缓和了很多。

4.装装傻

虽然我们不是真的要当傻子，可是在特殊场合采用一些特殊方法来脱危解困又有什么不好呢？

5.找个理由迅速撤离现场

三十六计走为上策。如果你的确没有勇气和能力应付尴尬局面，就选择迅速撤离现场，越快越好。但你一定要为自己找一个恰当的理由，否则，只会让对方心中留下歉意。比如，求爱被拒后，你可以找个借口说："我今天还有点事，回头再跟你说吧，你也该忙了！"这是恋爱技巧中常用的拖延战术，不但消除了对方心中的尴尬，也为自己赢得了更多的机会。

6.将计就计，化不利为有利

利与不利从来都是相对而言，只要找到关键点，化不利为有利并非不可能。即使被拒，也不一定没有挽回的余地，只要你方法得当，甚至可以让对方欣然接受。

在一个周末的早上，推销员托尼敲开了一位总裁家的大门，开门的是家里的佣人。通报完以后，托尼被总裁的保镖赶了出来，连佣人都被训了一顿，原因是，这位总裁对推销员有一种与生俱来的憎恨。

但托尼似乎不想就此放弃，他再次央求佣人，并说："谈不成生意无所谓，但我希望您能将我的名片递给总裁，麻烦您了！"无奈的佣人只好硬着头皮再次为托尼递名片。但结果可想而知，名片甚至被总裁撕成了一半。接着，总裁对佣人说："给他十块钱，这十块钱应该足够买他的名片了吧。"说着，他把十块钱扔给佣人，希望他交给托尼。

原以为托尼会就此放弃，但托尼在门外说："请您告诉总裁先生，我的

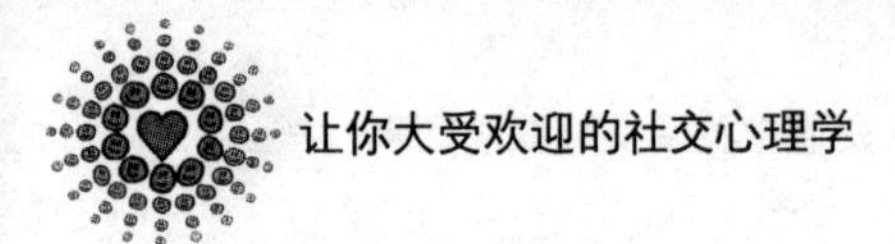


名片只值一块钱，请您再为我给总裁递找零的九块钱。”

这时，屋内的总裁哈哈大笑说：“这样幽默又坚持的推销员，看样子，我不得不见一下啊！”

面对顽固的总裁，得到他的约见似乎已经不可能，但聪明的托尼将计就计，利用总裁的十块钱，巧妙地找到了转机，着实值得我们学习。

7.转移尴尬

医学上有所谓的移痛法，当一种难以征服的痛苦被另一种较易征服的痛苦替代时，前一种痛苦往往会在后一种痛苦的作用下逐步失去原来的痛感，这种方法同样适用于尴尬时刻的自我调节。当然，转移尴尬还有另一种形式，就是将尴尬转移到旁观者的身上，不过必须注意一点，你所转移的尴尬应该是善意的制造玩笑的契机。

8.故作心理脆弱

人们普遍同情弱者，在尴尬出现的时刻你应当立即作出过激的反应，可以是懊悔不已，可以是痛苦万状。比如，求爱被拒后，你可以说：“我真是胆大包天，怎么能对你产生情愫呢？应该只有敬意啊！”总之，你一定要让别人觉得你心理异常脆弱，仿佛刚才的事情已经过度地伤害了你的自尊心。一般情况下，人们在看到你的“惨状”后肯定不会再对你穷追猛打，尴尬也就不了了之。

## 起了冲突，该怎样给现场“降温”

生活中，我们随处可见人际间的冲突，诸如家庭纠纷，亲戚朋友之间的纠纷，同事之间的纠纷，邻居之间的纠纷，陌生人之间的纠纷。如果不及时地加以解决，无疑会影响相互关系和社会的安定团结。因此，掌握调解纠纷、化解矛盾的语言艺术有着十分重要的意义。要知道，“巧舌头”也能解开“死疙瘩”。那么，我们如何给“事故现场”“降温”呢？

1.“冷处理”

在矛盾发生时，往往双方当事人的情绪都非常激动，作为第三方的你，顿时成了判定谁是谁非的决裁者：到底谁对谁错，如何解决这个矛盾。这时你千万不要火上浇油，立即处理矛盾，因为此时双方的情绪都比较激动，无论你怎样处理，双方当事人都会存在一定的不满情绪，甚至还会误会你偏袒着对方。所以，最好的处理方法是，你首先向双方当事人表示已经受理了这个矛盾，请双方都先回去稳定自己的情绪，让自己的头脑冷静一下，万万不可冲动行事；然后向双方当事人说明，稍后会去亲自找他们谈话，详细了解事情的原委。

很多时候，双方当事人都是由于一时的冲动、由于不理智，造成了冲突矛盾，在经过你的“降温”处理后，他们或多或少会有所悔悟；这时，你再采取安抚的手法，听从他们各自的理由及委屈，细细地了解他们的苦恼，做好各自的思想工作，矛盾就会迎刃而解。有些冲突甚至根本不需要解决，一觉醒来，也许什么问题都没有了。

2.以情动人，劝中带威

陈某和丈夫离婚后因为家产的事争吵不休。这天，她准备找丈夫商量此事，却被拒之门外。陈某恨不得砸门以泄心头之愤。陈某以前的邻居是一位老警察，他劝陈某说：“大妹子，你的心情我能理解，我们也已经是十几年的邻居了，所以这也是你的家。但是如果你在这里闹出什么不愉快，就会让别人有借口了。还有一点，收容所春节放假了，一旦闹出了不愉快，我们还得叫来别的警察。你说，哪一个没有家？哪一个不想过一个团圆年呢？你好好想一想。”

案例中，老警察的一番话可谓语重心长。首先，他表明了对陈某的理解之情，并说：“这也是你的家”，立即让陈某倍感温暖。然后，他从同事的角度说起，即陈某如果闹出不愉快的事情就有可能使他的同事过不好春节。不难看出，老警察的语言中还饱含着“不要做违法的事情”之意。正是老警察这融情于理的语言引起了陈某的思索，使陈某放弃了冲动行为，从而平息了这场可能触犯法律的纠纷。

3.巧表心，幽默化干戈

某单位一对中年夫妇，婚后近二十年，关系一直很好，从未红过脸，最近却因为女儿报考大学的事情争吵不断，谁也说服不了谁。由争吵再到打骂，闹得满城风雨，面临离婚的严重危机。

乖巧的女儿无计可施，只好找来了父母的同事和领导，希望他们能劝导关系僵化的父母。在领导和亲朋好友的关心、劝导和说服下，两人终于心平气和地坐下来相互“交心”，但谁也不愿公开“认罪”。良久，男方终于先开了口，说：“我们是在斗争中求团结、求生存、求发展，今天，能进入这样一个和平民主、共同协商的新阶段，是我们双方努力的结果，它来之不易啊！”可谓言简意赅，语短情长。女方也就势接过话头说：“是啊！正因为它来之不易，所以我们要倍加珍惜今天这个安定团结的大好局面！”夫妻二人就在这种妙趣横生的对话中彼此交了心，统一了认识，化解了矛盾，言归于好。

4.妙致歉，达成和解

有些矛盾或者纠纷的双方都有调解的愿望，但苦于一时找不到台阶下。调解者可以巧妙地代一方向另一方致歉，从而引起另一方的感动而使其主动地向对方致歉。这样就可有效地促成双方和解。

5.找平衡，各打三十大板

有些纠纷原因复杂，或者由来已久，因而调解人要具体情况具体分析，辩证地阐明事理，使双方产生认同感，达成共识，从而解决纠纷。

## 自己受到冷遇该如何是好

对于多数人来说，遇到的最尴尬的事莫过于主动与人交谈却受到冷遇了。比如，当你在电梯里遇到领导，好不容易鼓起勇气说：“王主任，早上好！”但对方很可能因为没有注意到你而继续与其他人攀谈。此时，你该怎么办?

其实，和人交谈，我们应当避免持有“不为最先”或“由他人先行而后随之”的态度，即使受到冷遇，也应当重新拾起信心，主动交往。这并不是让你去搭讪所有遇见的人，而是希望你明白：如果善于主动与人交谈，你的人际网会变得更广，你的“个人问题”也许不再成为“问题”。具体来说，当受到冷遇后，我们可以这样做：

1.改变心境，积极交往

人际交往中，大多数人都倾向于被动接受外界传递的信息，他们习惯于等待别人的微笑，别人的邀请等。而正是因为这种情况的普遍性，造成了双方到头来都很失落，以致他们常常消极地抱怨“事情总是没有什么结果”。其实确切一点说，他们应该责备自己为什么一旦受到挫折、受到冷遇，就不再愿意尝试。

你受到冷遇，也许对方并非有意排斥你，而是因为对方的注意力暂时还没转移到你身上，或由于其他一些客观原因。此时，你不必气馁，而应该继续积极主动与其交往。

大多数在社会交往上很成功的人都会积极地把别人拉入自己的生活中。他们经常采用的两种最重要的方式就是：主动与希望认识的人交谈；向希望作进一步了解的人主动发出邀请。即使受挫，依然愈挫愈勇！

2.重新树立自信

自信毫无疑问是与人交往最重要的一部分，对自己能力与身份充满自信会让这个过程变得顺畅自如。当你受到冷遇，对自己的价值产生怀疑后，请在头脑里说服自己你是个有趣的人，是个值得与之交谈的人，并厘清自己的优缺点与强弱项。这本身并不存在疑惑，只是你没意识到而已，当你想清楚这些以后，必能成功地自信起来。

3.再次吸引注意

在一般的聚会中，人们通常会注意到哪个角落爆发出了笑声，而此时如果那个逗笑的人恰巧是你，周围人自然会感受到你的魅力，从而慢慢地朝你聚拢。

其实，有时不必言语也能吸引他人的注意，就像互换眼神、彼此微笑那样简单，这会使得你们互相走近后的介绍变得更为轻松，而不会像随意找人搭讪那样显得局促且不自然。

4.融入别人的会话

关于如何融入别人的会话，你可以遵循这样一个原则：找到交际场合的中心人物，并向他介绍你自己。在你所处场合的人群中，他更喜好结交生人，他会更容易接受你的自我介绍，并主动将你推荐给其他人。

5.选择谈话主题

当你有了自信、鼓起勇气再次找人攀谈时，又会出现另一个问题：谈些什么好呢？下面有几条建议：

（1）别涉及那些一两句就结束的话题

对于“嘿，你好吗”或“你觉得今天天气如何”之类的问题，大多数人的第一反应会是：“你好无趣！”你希望别人这样看你吗？

（2）以评论时事为突破口。

你可以以评论时事为突破口，但不要纠缠那些敏感的政治问题，尤其别讨论战争，应多以轻松愉快的话题为主。

（3）以周围环境为话题。

比如，你所参加的聚会场景的环境如何，音响效果如何，都可任你评论，看到什么你张口便说好了。

（4）任何事都可以成为话题。

当你和一群人在一起闲聊而脑子里突然有了一个想法时，就赶紧说出来与他人分享，比如：“这杯饮料不怎么样！你在喝什么？”“嘿！你这身行头不错，哪儿来的？”

最重要的是，别纠缠于你不感兴趣的会话，这对任何人都没好处！

## 被误会或误会别人，滋味都不好受

人与人相处的时候，难免会产生一些误会。我们千万不能小瞧误会，它

随时可能吞噬你周围的一切，甚至你自己。因为误会，你可能会让别人误解自己的人品，让自己成为大家背后指指点点的对象；因为误会，你可能和同事产生工作上的分歧，造成集体和个人无法估量的损失；因为误会，你可能会与给我们多年志同道合的朋友分道扬镳；因为误会，你可能会与如胶似漆的恋人劳燕分飞……可见，误会常常会给别人带来痛苦，造成伤害，也会给我们自己带来伤痛。所以，我们不能随便误解别人，一定要了解情况后再下结论。被别人误解后，也一定要及时寻找机会，解释清楚。让误会少一些，让快乐多一些。

误会，于人于己，滋味都不好受。如果我们误会了别人，需要做到：

①思想要有风度，不要处心积虑，耿耿于怀，更不要兴师问罪。

②把握尺度，千万不要寻衅报复，胸怀坦荡容易被人理解，胸怀狭窄则难以被人理解。

③要有气度，有对联云："开口便笑，笑古笑今，凡事付诸一笑；大肚能容，容天容地，于人何所不容。"

④真诚要有态度，如果"误"在自身，诚恳向对方致歉；如果"误"在对方，不要得理不让人；如果"误"在第三者，排除干扰。保持谦虚、友好热情的交友态度，避免误会的产生。

⑤方法要适度，如果对方心直口快，你可以"单刀直入"，向他说明；如果对方性格内向，就要多花一点心思，以免再生误会。

那么，如果我们被误会，又该怎样做呢?

①被误解了，不要觉得委屈

被人误会，无论出于什么原因，都难免会出现委屈的情绪。但如果你抱着这种情绪，也不为自己辩解，不愿开口主动示好，那么，彼此间的隔阂就会逐渐加深，随着时间的流逝，便会影响彼此间的友谊，甚至失去朋友。总之，应多替对方着想。无论他是气量小、心胸狭窄还是不了解真相、不了解你的一番苦心，都不必去计较，只要你真诚地向他表明心迹，那么，误会便会消失。

②找出被误解的原因

造成误解主要有几种原因：表达信息或说明某些事情时言词不足；不管什么事，都顾虑过多，过分小心翼翼，从不发表意见；如果在公众场合，你衣冠不整，言谈举止不拘小节，会让周围的人产生不好的印象，且会造成误解；纵然是玩笑话，若造成对方的不快，也会导致意想不到的误解；或者是一句安慰、感激的话，如果对方接受的方式不同，也可能会变成误解……

对此，你必须下一番功夫内查外调，搞清楚对方的误解源于何处，否则任凭你费多少口舌，也无法解释清楚。搞不好，还会越描越黑，弄巧成拙。

③鼓起勇气，当面说清

产生误会的原因纵使有多种，误会的类型也是千姿百态、多种多样，但解决的最简捷、最方便的方法便是当面说清，大多数人也都喜欢这种方法。因为只有勇气和真诚才是最好的证明。

但生活中，有些人因为没有勇气，不敢当面说清，结果把问题搞得极为复杂。记住，如果有误会需要亲自向对方说明，你千万不要找各种借口推托，一定要克服困难，战胜自己，想方设法当面表明心迹。不要轻信第三者的只言片语。

④让书信传递情感

当双方都带着情绪的时候，你若解释，可能会造成误会的加深，但一纸书信则能避免这种情况，因为对方面对一封真诚的解释信的时候，要从容得多。而这也就要求我们在写信的时候，措辞一定要简短、亲切、明了，切勿啰唆、令人生厌，语气需要真挚、诚恳，充分表达自己愿意消除误会、重新和好的急切心情，表达自己至今仍铭记以往的友情。

⑤用行动来证明

举个很简单的例子，如果你被周围的朋友误会，以为你同某一异性有暧昧行为，而你又说不清楚，那么，你只要与自己的爱人相依相伴、相敬如宾、亲密无间、双双出入社交场合，令他人找不到破绽，流言便会不攻自破，误解也就自然消失了。

有时候，有些误会无法用语言解释清楚，那么就用与之相反的行动去证实。

⑥选个好时机

解释缘由，消除误会，必须选择好时机。一定要考虑对方的心境、情绪

等感情因素。大多可选择提干、长工资、定职称或参加婚宴等喜庆日子，此时对方心情愉快，神经放松，胸怀也就较为宽广。抓住这些时机表白，往往能得到对方的谅解，重归于好。

⑦误会要尽快消除

有人被误会搅得焦头烂额，总觉心中有难处，不好启齿，结果碍于情面，时间越拖越长，误会越陷越深，到最后无限制地蔓延，造成了令人极为苦恼的后果，反倒更加痛苦。所以，有了误会，要迅速解释清楚，拖的时间越长，就越被动。

⑧请第三者帮忙

人与人之间的误会常常是在相互接触中产生的，双方的误解涉及许多因素，个人解决可能会受到限制，以至不能明白透彻。故请他人帮忙，的确是很明智的。

但为了不造成不必要的损失和遗憾，我们最好尽量避免误会的产生，不要轻易地误解他人，更不要被别人误解。

## 如何应对他人责怪与批评

人是有差异的，会产生方方面面的不同主张、价值、态度、看法、做法。当一个人的做法不能被另一个人接受的时候或暂时被误解的时候，就会出现一方对另一方的批评或责怪。很简单的一个道理，当我们为领导办事，办事风格或者结果得不到领导的认可时，也会被领导批评。当然，导致批评的原因还有很多，批评是某个人或某些群体在向被批评者提醒、解劝、帮助其改善态度与做法以便趋同。批评有时候是为了某个集团的利益而采取的进攻策略；批评有时候是为了打击你或在竞技中击败你而采取的手段。

常人总是讨厌听批评指责的话，甚至为自己辩解，以致矛盾激化。其实，在对待挨骂的态度上，我们不妨参悟一下乌龟的自卫方式。众所周知，乌龟在遭受外力干扰或进攻时，它便把头和脚缩进壳里，从不反击，直到外力消失之后，它认为安全了，才把头和脚伸出来。

面对指责我们的对方，我们也把自己当作一只乌龟，收起自己的不满和冲动，任尔指责和批评，直到对方的一顿乱批结束。这或许显得有点懦弱可笑，但是从摆正心态的角度理解则是聪明和正确的。

有一次，林肯在不知情的情况下，居然为一个自私的政客签发了一项命令，调动了某些军队。史丹顿不仅拒绝执行林肯的命令，而且大骂林肯签发这种命令是笨蛋的行为。史丹顿之所以生气是因为林肯干涉了史丹顿的业务。结果怎么样呢？当林肯听到史丹顿说的话之后，他很平静地回答说："如果史丹顿说我是个笨蛋，那我一定就是个笨蛋，因为他几乎从来没有出过错。我得亲自过去看一看。"

林肯果然去见史丹顿，他知道自己签发了错误的命令，于是收回了成命。只要是诚意的批评，是以事实为根据而有建设性的批评，林肯都非常欢迎。

人往往都是喜欢被人夸奖的，很少有人喜欢被别人批评。假如有人骂你是"一个笨蛋"，你应该怎么办呢？的确，对于批评，一般情况下，我们会采取拒绝、逃避的形式为自己辩护。这种经历的体验，多数人都不陌生！面对批评，脑子里想到的多半不是自己的过错，而是"大家和我差不多，为什么单找我的麻烦""我哪里得罪了你，何必这样""你无情，别怪我无义"等一类的反应。因此，对待批评你会耿耿于怀，在交际中消极抵抗。

然而，不幸的是，拒绝批评并非意味着可以免受批评。道理很简单，就是因为批评是批评者对你的看法与解析，拒绝并不能改变他的认识深度，他反而会由于你的拒绝更加相信自己的判断；而你也会失去许多忠言善意的劝告，以致断送他人对你的信任和支持。那么，面对批评，我们该怎么做呢？

①要倾听批评你的人说话，不要中途打岔。有时别人的批评不是对我们个人的不满，而是对我们做事或是对人态度的不满，他们的批评是对我们做事的建议，并不是无中生有的挑剔。善意的批评可以让我们知道自己存在着哪些不足和缺点，以便逐步弥补和改正它们，从而完善自己。

②在你心中仔细想想别人的指责，以便改变自己的行为。

③帮助对方明白地说出他的异议，而不是令他对你的批评含混不清，这样才能知道自己的缺点是什么。

④礼貌地请教批评者怎样改善自己的行为或怎样做比较好。这样不但可以了解对方，还可以学习各种不同的行为。

⑤即便你觉得自己不该受责备，也要让对方把话说完，再去解释；或者用行动证明自己是正确的。

⑥如果别人批评得有理，的确是自己的不是，那么就向对方道歉，表示愿意改正；但道一次歉就够了，顶多两次，不必一而再再而三地道歉，请求别人原谅。过分的谦卑无助于自信的培养。

## 遇到过分的请求，让拒绝也顺人心

生活中，我们经常会遇到这样一些进退两难的境地：你的朋友在派对中给你一杯酒并游说你去尝试，而你对酒十分反感，你是拒绝还是接受？你的朋友邀请你和他一起去唱卡拉OK，但你认为那种场所人员复杂，且你一向歌喉平平，你是接受还是拒绝？你的同事向你借钱，他承诺会尽快还，但你知道，他从来都是有借无还，你是接受还是拒绝……

我们心底的声音告诉我们的是：拒绝。但碍于情面，又不知如何拒绝。习惯于中庸之道的中国人，在拒绝别人时很容易产生一些心理障碍，这是传统观念的影响，同时，也与当今社会某些从众心理有关。不敢和不善于拒绝别人的人，实际往往戴着“假面具”生活，活得很累，而又丢失了自我，事后常常后悔不迭；但又苦于难以摆脱这种“无力拒绝症”，而自责、自卑。

实际上，有些人在选择拒绝时，也并未取得良好的效果。怎样拒绝而不使人难堪，让人有台阶可下，需要我们掌握一定技巧。此时你应该尽可能地以最为友好热情的方式表示拒绝，让对方明白你是同情他的，而且要做到对事不对人，并要注意既表达了意思又不失委婉。

张敏在民航售票处担任售票员一职。每年，一到春运期间，前来订票的人就格外多，但作为售票员的她必须遵循公司的各项规定。于是，每每拒绝订票的顾客时，她总是怀着非常同情的心情对旅客说："我知道你们非常需要坐飞机，从感情上说我也十分愿意为你们效劳，让你们如愿以偿，但票已订完了，实在无能为力，欢迎你们下次再来乘坐我们的飞机。"张敏的一番话，叫旅客们再也提不出意见来了。

张敏的做法是正确的，她巧妙、委婉地拒绝了旅客们的请求，为自己免除了不必要的麻烦。

这种拒绝在幽默风趣中让对方接受自己的拒绝，同时也让对方有一个走下去的台阶，不至于让对方在心理上、在情感上无法接受。喜剧大师卓别林曾说：学会说"不"吧！那你的生活将会美好得多。

以上两种拒绝的方法都值得我们在生活中加以灵活运用。那么，从总体上来说，我们应该怎样说好这个"不"呢？

1.不要随便地拒绝

随随便便拒绝，会让对方觉得你并不是爱莫能助，而是根本不重视他，容易造成彼此间的误解。

2.不要当即拒绝

当对方提出要求后立即拒绝，会让对方觉得你冷酷无情，从而对你产生成见。

3.不要傲慢地拒绝

试想，当别人有求于你的时候，你却一副盛气凌人、傲慢不恭的架势，对方会作何感想？

4.不要说话毫无余地地拒绝

也就是说，在拒绝的时候不要表情冷漠，语气严峻，毫无通融的余地，这样会令人很难堪，甚至反目成仇。

5.不要轻易地拒绝

有时候，轻易地拒绝别人，会失去许多帮助别人、获得友谊的机会。

6.盛怒之下不要拒绝

盛怒之下拒绝别人，容易在语言上伤害别人，让人觉得你一点同情心都没有。

7.要有笑容地拒绝

拒绝的时候，要面带微笑，态度要庄重，让别人感受到你对他的尊重、礼貌。这样，对方就算被你拒绝了，也能欣然接受。

8.要婉转地拒绝

当有不得已的苦衷时，如能委婉地说明，以婉转的态度拒绝，别人依旧会感动于你的诚恳。

9.要有代替地拒绝

你跟我要求的这一点我帮不上忙，我用另外一个方法来帮助你，这样一来，他还是会很感谢你的。

10.要有帮助地拒绝

也就是说，你虽然拒绝了对方，但在其他方面给了他一些帮助，这是一种慈悲而又智慧的拒绝。

11.要有出路地拒绝

拒绝的同时，如果能提供其他的方法，帮对方想出另外一条出路，实际上也是帮了他的忙。

学会委婉地拒绝吧，让别人感受到你的真诚，即使你在拒绝对方。“路遥知马力，日久见人心。”倘若有双方互相尊重的前提，委婉的拒绝，反而能促进思想的沟通和理解的加深，巩固人际关系。

# 第 14 章
# 巧用心思造气氛，交际中的氛围要把控好

在日常交际中，大家围坐在饭桌前，重要的是热烈的气氛，一旦把控好了氛围，就不愁饭局不热闹。当然，制造气氛并不是一件简单的事情，稍有不慎就会造成冷场。对此，我们要巧用心思造气氛，时刻把控好饭局中的氛围。

## 忍耐他人挑衅，自嘲打消尴尬

幽默一直被人们称为只有聪明人才能驾驭的语言艺术，而自嘲又被称为幽默的最高境界。自嘲是缺乏自信者不敢使用的语言艺术，因为它要求人自己骂自己，也就是拿自身的失误、不足甚至生理缺陷来“开涮”，对丑处、羞处不予遮掩、躲避，反而把它放大、夸张、剖析，然后巧妙地引申发挥，自圆其说，博众人一笑。由此可见，能自嘲的人必须是智者中的智者、高手中的高手。

广东一家食品公司的副科长到郊区调运蔬菜，卖方想趁机捞一把，索价很高，在饭局谈判中，双方僵持不下。眼看城里食品供应严重不足，快要脱销，心急如火的科长却摆出一副泰然自若的样子，充分使用幽默法来自嘲：“其实，你们把我看高了。我不过是个小科长，还是副的，我手里能有多大的决定权？再说，夏天这么热，我花大价钱买一堆烂菜帮子回去，能担当得起亏损的责任吗？”卖主们听了他的这番话，望望酷暑的太阳，知道蔬菜多积压一天将腐烂不少，不禁大为泄气，动摇了索要高价的决心。

副科长的自嘲使卖主不但动摇了索要高价的决心，还对副科长的苦衷产生了某种同情心。所以，副科长运用自嘲的艺术使自己完成了蔬菜调运任务。

如果没有豁达、乐观、超脱、调侃的心态和胸怀，是无法运用自嘲的语言艺术的，那些自以为是、斤斤计较、尖酸刻薄的人难以说好自嘲的话。自嘲的语言艺术是最为安全的，因为它谁也不伤害。你还可以用它来活跃谈话气氛，消除紧张的情绪；在尴尬中找个台阶下，保住面子；在公共场合获得人情味；在特别场景中含沙射影，刺一刺无理取闹的小人。

1.摆脱窘境

我们在与人交谈中，如果对方有意或无意地触犯了你，把你置于尴尬境地，那么，你就可以借助自嘲摆脱窘境，这正是一种恰当的选择。

2.解决难题

有时候，巧妙地运用自嘲的语言艺术，还可以为你解决难题。

3.宽慰自己

我们在有些时候会因某些事不尽如人意而烦恼和苦闷，运用自嘲，既可宽慰自己，又能让人刮目相看，一举两得。

4.融洽气氛

有时候，双方在交谈中因为某些事情而陷入难堪的气氛，这时你不妨自嘲一番，既能融洽气氛，又能安抚自己的情绪。

5.消除尴尬

当你置身于难堪境地时，如果过分掩饰自己的失态，反而会弄巧成拙，使自己越发尴尬。相反，如果以漫不经心、自我解嘲的口吻说几句取悦于人的话，却可以活跃气氛、消除尴尬。

作家杰斯塔尔是个大胖子，他却不以胖为耻。他经常对朋友自嘲说："我是个比别人亲切三倍的男人，每当我在车上让座给女人时，我的一个座位中可以坐下三个人。"轻松愉快的自嘲，正是杰斯塔尔信心十足的有力表现。

6.增添情趣

适时适度的自嘲可以增添一些情趣，使人感受到你的可爱和人情味。

自嘲，能制造宽松和谐的交谈气氛，能使自己活得轻松洒脱，有时还能更有效地维护面子，建立起新的心理平衡。所以，适时适度的自嘲，不失为一种良好修养，一种充满魅力的交际技巧。

## 一旦冷场，巧妙让饭桌重返热闹

在交际活动中，虽然我们常常居于主导地位，但是客观反应如何，饭局形势如何变化，这是谁都无法完全把握的。即便是我们有心制造出热烈的气氛，在饭局进行过程中也还是会出现无法预料的冷场，而这样的场面将会干扰、阻碍交际活动的顺利进行。这时就需要我们对冷场进行有效的控制，让交际活动继续进行。

周末，几个朋友聚会。席间，一个朋友说话了，他是非常喜欢中国武术的，而身边的朋友却对武术一窍不通，他所说的都是专业术语，坐在旁边的人表示完全听不懂，云里雾里。不过，出于尊重，几个朋友还是装作很认真地听着他兴致勃勃地继续这个话题，或者只能在旁边“嗯”“啊”，但这个说话的人完全听不出身边朋友的不满，还是继续滔滔不绝，最后，一个忍耐不下去的朋友说了一句：“我对这些不感兴趣，也完全不了解。”终于，那位喜欢武术的朋友停止了刚才的话题。与此同时，饭桌上的气氛也变得尴尬不已。

这时，作为聚会的发起者小王笑着说了一句：“大家都别愣着了，来，来，为我们的周末聚会干一杯！”于是，大家拿着酒杯都围拢过来，一杯酒下肚，大家似乎忘记了刚才发生的尴尬事。

冷场这个问题，我们经常会遇到，在日常交际中，我们会和不同的人见面，参加不同的交际活动，冷场的问题也就在所难免。对于这种情况，我们怎么救场呢?

其实，这个问题一点也不困难我们可以在冷场时适时说点热点话题，让尴尬的冷场重新变得活跃起来。这样的事情我们经常会遇到，特别是在遇到不熟悉的人时，不知道对方喜欢什么，不知道该说些什么带动话题，让交流继续下去。这时我们可以假装不经意地问对方平时喜欢做什么，对方的兴趣爱好以及性格，都可以从其言语中表达出来。我们只需要找到和对方的共同点，然后以之为话题，将我们的交流继续下去就可以了。

当然，冷场的出现，常常是和话题有关，不恰当的话题就会导致冷场，太多平淡的话题，也会让冷场出现。我们在遇到冷场的时候，应保持冷静，用最短的时间想出打破冷场的办法。

1.发言简短

在饭局中，我们要注意讲话简短，越短越好。如某商场举行开业仪式，

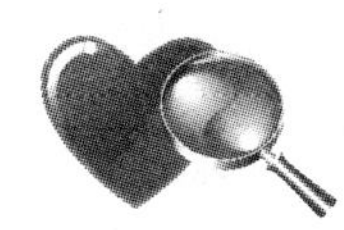

邀请了市内各方面的人士参加。总经理只说了两句话：“女士们，先生们：热忱欢迎各位光临！现在我宣布：商场正式开业！”在聊天时，不要滔滔不绝地包场，而要有意识地给别人一些发言的时间和机会。

2.变换话题

在饭局中讲话遭遇冷场时，可通过暂时变换话题吸引大家的注意力。目的达到后，仍要回到原有话题上。比如，在说话过程中发现听众注意力分散，东张西望、打瞌睡、窃窃私语、玩手机游戏，可以暂停讲话，穿插几句应景、时髦、诙谐的话；或者简短地讲个与主题多少相关的典故、趣闻，如此，听众的精力便会一下集中起来。之后，再继续原来的话题。

双向交流的话题变换是不定的，应视饭局现场情况随机应变。比如，你与别人谈今日凌晨看的一场世界杯足球赛电视直播，可对并不喜欢足球，也没有在半夜里爬起来观看，对你所议显得毫无兴趣，以致出现冷场。这时，你就应及时转移话题。

3.终止交谈

在交际活动中，我们都不愿碰到冷场，如果遇到这种情况，且自己采取了诸如压缩发言、变换话题、加强语气等控制手段后仍然不能扭转冷场的局面，那就应终止交谈。长时间的冷场对交际双方而言都是残忍且浪费时间的。比如，你同对方谈工作，他不感兴趣，你不断变换话题后他仍无兴趣，就无须再谈下去。

4.聊点热点话题

在喧闹的饭局场合，假如不能有完美的应对，那整个饭局看起来就有点凄凉。可以想见，假如别人看着你总是一个人站在一边沉闷地不说话，那大家就会觉得你不擅长交际。这时候，我们就可以聊一点热点话题，比如：“今年的跨年演唱会你看了吗？感觉还不错。”如果对方说自己看了，那你可以接着说：“你通常都喜欢听什么风格的歌曲呢？”这样就可以适时让话题热络起来，整个饭局的热闹气氛就又回来了。

我们在与人交流中遇到冷场的情况时，一定不要慌张或是表露出愤怒的情绪，要冷静下来，沉着处理，让饭局重返热闹。

## 适时沉静，气氛火爆但不可过火

在饭局交际中，可以说，最难掌控的就是气氛。当然，在这样一个场合，我们都希望气氛可以火爆起来，越热闹越刺激，也就越可以达到交际本身的目的。但事实上，在很多时候，当气氛炒到一定程度时，就相当过火了。在酒精的作用下，再加上饭局的过火气氛，人们很有可能在这种混乱的状态下做出一些不理智的事情，虽然，这是在兴奋过度时做出来的行为，但饭局结束，酒醒之后，还是会给人们带来一些尴尬。因此，在饭局交际中，我们需要火爆的气氛，但并不需要过火的氛围，当气氛炒到一定程度时，我们应该适时沉静下来，以免交际者做出过激的行为。

近期有一件大事，那就是小吴最好的哥们儿小东要结婚了，而且婚期将至。哥们儿几个曾无数次在饭局中聊到如何在婚礼上“整”新娘新郎，真正到了这一天，小吴发现自己似乎比新郎还兴奋，因为可以趁机施展一下自己“整人”的本领了。

婚礼当天，小吴穿着一身笔挺的西装出现在婚礼现场，小东轻轻拍了拍小吴的肩膀，取笑道：“瞧你穿得人模狗样的，把我这个主角的风头也抢了。”小吴不正经地说：“是吗？那我今天代替你结婚算了。”“哈哈……”两人都大笑起来。

等到婚宴开席的时候，小吴和几个哥们儿都坐到了一起，大家商量好等新郎新娘来敬酒的时候一定好好“整整”他们。酒席开始后不久，按照一桌一桌敬酒的顺序，新郎新娘过来了，小东先是倒了一杯满满的酒，笑眯眯地端给新娘，说道：“这杯酒我可是特意为大嫂准备的。大嫂，你也知道，大哥酒量好，今天你们结婚了，如果你不干了这杯酒，那就别想成为咱们的大嫂。”话还没说完，在场的兄弟都笑了起来，新娘涨红了脸，但碍于大家的强烈要求，她还是端着酒杯一饮而尽。本以为这样就结束了，没想到，小吴又端起另外一个酒杯，说：“行，我就喜欢大嫂的爽快劲儿，这杯酒是我敬你们的，大嫂，你可要一口干哦。”新郎小东笑着说：“就别整她了，她酒量不好，一会儿醉了，谁陪我入洞房？”“哈哈……”大家又笑了起来。小吴却执意要新娘喝酒，他说：“结婚

嘛，这辈子只有一次，说什么也不能轻易放过你们俩。”而小东心疼老婆，不想让她再喝酒，两人僵持不下，话也越说越僵，小东有点生气：“小吴，我说你是不是故意的？你存心让我难堪？”大家一听小东话里有话，小吴涨红了脸，回答说：“我有这样小气吗？”说完，把酒瓶子重重地摔在桌子上，转身就走了。

原来，小吴和小东当初同时喜欢上了一个女孩子，但小东先追求了对方，而那个女孩子就是小东如今的新娘。

本来，朋友结婚是一件喜事，大家都想借着这样的喜事高兴高兴，但如果你不掌握火候，就很容易搞砸。就像案例中的小吴一样，在向新娘敬酒之后，新郎已经表现出一些介意了，这样的心理可以通过其话语察觉出来，“就别整她了，她酒量不好，一会儿醉了，谁陪我入洞房”。小吴却不顾当事人的感受，玩得有些过火，非要新娘喝酒，结果搞得大家不欢而散。况且，在这个饭局的背后，原来小吴和小东曾经在感情上有过心结，这样一来，一旦气氛过火了，两人就容易因以前的心结而僵了关系。

那么，为了避免饭局气氛太过火，我们要怎么做呢？

1.控制好火候

在日常交际中，我们都有矛盾的心理。有时候，怕气氛不够热闹，总是想方设法制造出热闹的气氛；一旦气氛火爆了，大家的兴奋劲儿都提了起来，又担心太过火，以至于让某些人出现过激的行为或言语。因此，在实际饭局中，我们要懂得掌控现场气氛：当气氛不够火爆的时候，我们要通过幽默、自嘲的言语技巧炒热气氛；一旦气氛变得火爆了，我们需要适时沉静下来，比如，你可以说“先别顾着说，桌上的菜都凉了，大家赶紧吃吧”，以此分散人们的注意力，这样大家就不会玩得太过火了。

2.饭桌上不能乱开玩笑

在饭桌交际中，自然离不开酒，而人们在喝了酒之后往往会兴奋过度。在这种情况下，一定要记住不能乱开玩笑。有时候，你的一句玩笑话，就有可能导致彼此之间产生矛盾。人们在喝酒之后，虽然头脑是清醒的，但行为和言语常常不受自己的控制，有时候会说一些不该说的话，这样一来，就很容易搞砸平日的人际关系，从而破坏交际活动。

# 饭桌上需要“好”的话题

在饭桌上，我们要想与他人建立良好的人际关系，双方之间的语言交流是必不可少的。不过，在很多时候，若话题不当，言语不适，很容易让彼此的交流出现问题。在这时，我们就需要选择一个“好”的话题，如果你选择了一个对方不太感兴趣的话题，那就有可能造成四目相对无言、气氛尴尬的局面；如果你选择了一个让对方一见如故的“好”话题，那么就可以让他畅所欲言，进行更深层次的交流。因此，在与他人进行交谈时，最重要的是选择一个让对方感兴趣的话题，这样才能够打开对方心扉，拉近彼此的心理距离。

当彼此在饭局中初次见面时，双方都希望尽快消除彼此的生疏感，缩短双方之间的情感距离，建立起良好的关系，同时也希望自己能在对方心中留下一个极为深刻的印象。此时，选择一个好的话题，往往能够解决这样的问题。那么，如何选择一个“好”话题呢？

1.从对方的兴趣谈起

每个人都有自己的兴趣爱好，而这一兴趣爱好往往是自己引以为傲，或者是最擅长的一方面。通常来说，如果你能把话题巧妙地引到对方的兴趣爱好上来，那一定能够消除对方的陌生感，激起对方谈话的兴趣。所以，你不妨先问明陌生人的兴趣爱好，再循趣生发，顺利地进入正式话题。

2.巧妙提问

我们在与他人交谈的时候，可以先巧妙地提问，对他有了一定的了解之后再进行有目的的交谈，这样便能够使你们的谈话顺利地进行下去。比如，你在宴会上遇到一位陌生人，你便可以询问一下对方：“您和我们的总经理是亲戚呢，还是朋友？”不管对方回答的是哪一个，你都可以就你们的话题继续交谈下去。即便是对方与总经理的关系不是你所说的这两种，那么你也可以与对方进行另外的交谈。

3.即兴而起

有时候，你事先准备的话题也许并不适合对方，那么你不妨即兴另起一个话题。你可以巧妙地借助你们谈话的时间、地点以及人物作为话题的材料，

借此引发交谈。比如，你对在路边支摊的妇人说："这天气转凉了，出来逛的人也越来越多了，你们这生意肯定有所好转了。"这样一句话，就可以引起她向你讲述在外面摆摊的艰辛生活。

4.解析对方的名字

初次见面，双方之间必然要作一下自我介绍，当对方说出他的名字的时候，你不妨顺势解析一下对方的名字。因为对于每个人而言，名字并不仅仅是代号，而是一个人的象征。而且，中国文化博大精深，这就使得很多人的名字有着特别的意味。有的名字可能寄予未来美好的愿望，也有可能预示着前途无量。因此，你在听对方作自我介绍的时候，不妨顺势解析一下对方的名字，比如，面对一个叫"建领"的朋友，你不妨巧妙采用谐音："高屋建瓴，顺江而下，可攻无不克，战无不胜，真是意味深远啊！"这样一说，无疑会让对方心情愉快起来，从而对你敞开心扉。

5.赞赏对方的装扮

你还可以对他人的穿衣打扮进行适当赞赏，因为对于每一个人来说，都希望自己的装扮能够得到别人的认同。比如，你面对穿着时尚而又大方的朋友说："你这身装扮真是毫无挑剔，直接引领了这一季的时尚潮流，而且又简约大方，跟你的气质非常相衬。"在你的赞赏下，她会消除戒备心理，进而对你产生好感。

6.赞美对方的外貌

每个人都对自己的外貌或多或少地感兴趣，对于绝大多数人来说，更是对自己的外貌有着极为浓厚的兴趣，他们更希望得到这样的赞美："你真是有魅力""你很漂亮""你的气质真出众"。因此，你在与对方交谈中，恰当地从对方外貌谈起，的确是一个不错的交际方式。比如，你在面对一个极有风度的朋友时可以这样说："早就听说过你的大名了，今日一见，果然与众不同。"

## 懂礼仪，别让"不雅"行为破坏了气氛

宴请是一种最常见的交际形式，尤其是在国际交往中，宴请不仅仅是东

道主尽地主之谊的主要方式，也逐渐成了互相交流、解决问题的主要载体之一。宴请也是人际交往中促进关系发展的重要手段，不论是请客吃饭还是参加宴会，都可以让宾主之间的关系得到进一步的发展，也能够让参与者通过参加宴会结识新朋友，扩大自己的交际圈和视野。而中国人向来喜欢在餐桌上讲话，这时通常能够看出一个人的修养和内涵。在宴请活动中，饭桌无异于一个舞台，适当的言语和行为，可以让整个气氛热烈起来，相反，如果某些人不懂礼仪，说出不该说的话，做出不合时宜的动作，就会破坏饭桌的气氛。

婷婷是外语系的学生，在即将毕业的时候，她凭着自己过人的口语能力被聘请到一家外贸公司上班。圣诞节快到了，为了替在中国的外国客户庆祝节日，公司决定举办一个大型的西式自助餐会，同时还邀请了不少外国客户以及公司的全体员工。

婷婷在这之前很少吃西餐，她既紧张又兴奋。然而，因为不熟悉西餐礼仪，她在餐会上出了不少洋相。餐会一开始，婷婷就兴奋地端起自己面前的盘子去取菜，在她吃得津津有味的时候，却发现同事都用那个盘子来装食物残渣，还以异常的眼光看着自己，瞬间，场面冷掉了；她为了缩短自己去取食物的路途，她从离自己最近的水果沙拉开始动起，但这时候同事们都在吃冷菜；因为婷婷的刀叉位置摆放不正确，她还没有吃完，就被服务员把菜收走了。在整个饭局中，婷婷都觉得大家以似笑非笑的目光看着自己，她真想找个地洞钻进去。

就这样，一顿饭吃下来，婷婷显得浑身不自在。

因为不熟悉西餐礼仪，准白领婷婷闹出了不少笑话，从而让整个饭局的气氛也变得相当难堪。一般而言，吃西餐在很大程度上讲究的是一种情调：大理石的壁炉、熠熠闪光的水晶灯、银色的烛台、缤纷的美酒、优雅迷人的举止，这本身就是一幅令人陶醉的油画。因此，为了使自己在吃西餐时举止更加优雅娴熟，花一些时间来熟悉这些西餐礼仪，这是很有必要的。

那么，在饭局中，我们应该熟知哪些礼仪呢？

1.宴请礼仪

假如你是宴会的客人，那也需要熟悉一些礼仪，不单单是需要注意自己的外在形象，还需要在进入宴会大厅时做到仪表端庄得体。

在入席的时候，不要东张西望，寻找熟人，也不要坐着玩手机，或者发呆，或摆弄放在桌子上的餐具，而是需要与身边的宾客打招呼，寒暄几句。在就座的时候，应该将双手放在腿上，端平双肩，面带微笑，可以礼貌地与身边的宾客寒暄几句。假如你实在没什么话可说，也可以安静地听他们说话，但不要随意插话、打断别人的话题。

2.就餐礼仪

正式就餐的时候，不管是中餐还是西餐，都不能把餐具完全放到嘴里，也不可以用舌头去舔粘在餐具上的东西。尽可能地吃离自己距离不远的食物，如果看到对面有自己喜欢的食物，不要直接站起来去夹菜，也不能直接把菜端过来。当主人盛情为你夹菜的时候，最好不要拒绝，否则会令主人难堪，同时说一声“谢谢”。在宴会上，应尽可能少喝酒，以免酒后失态。

在吃东西的时候，需要表现出自己的礼仪。不能狼吞虎咽，也不能发出咀嚼食物的声音。当我们嘴里还有东西的时候，不要跟身边的人说话，这是很失礼的。假如菜太烫了，那就等其冷却之后再吃，而不是在餐桌上用嘴去吹。假如不小心将酒水洒出来了，需要致歉，“对不起”“不好意思”。假如不小心洒到了对方身上，需要拿出纸巾给对方擦拭，而且需要真诚地道歉。假如是对方把酒水弄到自己身上，不要生气，而应礼貌地说声“没事”“没关系”。

3.别当众做一些不适宜的举动

有的女性在参加宴会之前都会化妆，不过，在用餐之前最好把自己鲜红的唇彩擦掉，否则当你喝酒或喝汤时会在杯碗上留下口红印，这是极不雅观的。假如我们需要在参加宴会时补妆，也不要当着宾客的面做这些修补工作，而应去卫生间或化妆间。

## 讨论不争论，拒绝饭桌上的火药味

在生活中，我们经常见到这样的场面：在饭桌上，本来大家在聊一个很好的话题，结果到了后面却莫名其妙地争论起来，你不让我，我不让你，眼看一场骂战就要开始了，而整个饭局的气氛则变得相当难堪。为什么会出现这样的场景呢？这是因为人们习惯把讨论当成争论。有时候，本来是一个很好的讨论话题，但某些爱钻牛角尖的人，一旦跟对方铆上了，就死抓住一些细节不放，而他自己也提不出新的论点，也不罗列新的事实，即便自己的观点有漏洞也是死不承认。这样的人，尽管能说会道，但在饭桌上不会受欢迎，因为他有一种被称为好争论的性格。在饭局中，毫无原则的争论是毫无意义的，因为与一些在思想上有偏见的人争论是不值得的，你总也说服不了他。饭桌需要的是和谐的气氛，我们欢迎人们对一个问题发表自己不同的看法，但讨厌个别人争强好胜的性格，他总觉得他说的话就是对的，别人说的话就是错的。

饭桌上，大家聊起了最近娱乐圈最火爆的新闻“锋芝恋”。一人说：“听说他们最近离婚了，怎么会这样呢？本来我还蛮喜欢谢霆锋的，但现在这样，我有点讨厌他，开始同情张柏芝了。”另外一人说：“谁知道最坏的人是谁呢！说不定谢霆锋才是最坏的那个呢。”第三个人说：“你们别瞎说了，谢霆锋可是出了名的好男人。”第一个人回话说：“你怎么知道？我看他不是什么好人，演技不怎么样，总是一副耍帅的姿势，真是受不了。”“你怎么这样说啊，他还是金像奖的得主呢，你以为你比评委更有眼光吗？”两人争论起来，大有一番争论不休的架势。

为一些琐碎和无谓的事情争论不休，这不仅是一种不成熟的表现，还会影响整个饭局的气氛。假如在饭桌上，有人用坚定的口吻说：“今年的收入是300万元。”而你恰恰知道，收入是200万元，而且你正好有这样的一些理论依据，那你可能会说：“据我所知，今年的收入是200万元。”那对方肯定会反驳：“你一定记错了，我对这个情况记得十分清楚，今年的收入就是300万元。”那这时你怎么做呢？陈述一遍自己的观点，然后开始争论；拿出理论依据，向他证明他说的是错的；讨论这个问题，但不和他争论。很明显，第三种做法是妥当的。或许有人说，明明知道对方是错的，却不争论，这样是不是没原则性？

其实，我们之所以选择讨论而不是争论，是因为这两者之间有很大的差别：

①争论经常带着浓重的火药味，讨论则常常出现一团和气的状况。

②争论出现时是思想封闭、自我膨胀的时候，而讨论则是因为思想开放。

③争论是愚蠢的，讨论则是交换意见。

④争论是一种性格的体现，而讨论则是逻辑思维的表现。

⑤争论试图去证明谁对谁错，而讨论则证明什么是对什么是错。

当然，讨论是在适当的时候谈适当的事情，假如这是不必要的，那就可以不谈。那么，为什么我们不选择争论呢？

1.永远不可能获胜

在争论中，你永远没办法获胜。如果你争论赢了，那你有可能失去一份好工作、一个顾客、一个朋友，而你到底获得了什么呢？因此，即便你争赢了，你最终也还是输了；假如你争不赢，那最后你还是输了。

2.争论就好像战争

争论就好像战争，会让整个交际活动弥漫着火药味。即便你争赢了，你所付出的代价也是很大的。你在争论中获胜的次数越多，你的朋友就越少。就算是你赢得了最后的胜利，在你心里还是会留下一块心病，因此，最好的方式是不要争论。

3.争论是愚蠢的表现

在争论中，双方都希望以自己的话收场，最后可能发展为比谁的嗓门大。假如说谁是最愚蠢的人，那就是愿意与人争论的人。

假如在饭桌上出现了争论，又该如何化解呢？作为交际中的一分子，我们不要被卷入争论中。假如自己被卷入了，就要作出让步，适时给对方找个体面的台阶下，否则会得罪人。此外，在讨论一个问题的时候，我们说话要温和，理据要有力，不要用词尖刻而论据无力。当对方说话的时候，我们要耐心地听对方说完，不顶嘴，不反驳，此时，对方希望展开争论，而我们这样做会让对方不知所措。在讨论过程中，不要小题大做、节外生枝。总而言之，言语交流中难免出现不同的意见，争论是无用的，应该选择讨论。

## 参考文献

[1]曹晓红.人际信任的研究述评[J].社科纵横（新理论版）. 2011（01）.

[2]成正心. 活学活用社交心理学[M]. 北京：电子工业出版社，2017.

[3]王丽晶.心理学与社交技巧（最新升级版）[M]. 北京：中国法制出版社，2017.

[4]王富军.受益一生的社交心理学[M]. 北京：中国商业出版社，2016.

[5]牧之.让你人际烦恼一扫光的社交心理学[M]. 北京：立信会计出版社，2015.